GARDDIO YN Y GWAED

Garddio yn y Gwaed

Nofel i ddysgwyr gan
PAT CLAYTON

Gwasg Carreg Gwalch

Argraffiad cyntaf: Tachwedd 1995

*Rhif Llyfr Safonol Rhyngwladol:
0-86381-334-8*

*Cynllun clawr: Alan Jones
Darlun y clawr: Andrew Maclean*

*Argraffwyd a chyhoeddwyd gan Wasg Carreg Gwalch,
Iard yr Orsaf, Llanrwst, Gwynedd.
☎ (01492) 642031*

Ffrwyth dychymyg yw holl gymeriadau'r nofel hon.

Diolchiadau

Diolch i Cynthia Davies, fy 'nhiwtor adfer' a ffrind da, am ei chymorth a'i chyngor gyda'r drafft cyntaf. Diolch i'r Dr J.G. Webb am y wybodaeth feddygol. A diolch yn arbennig i Elwyn Hughes am ei holl waith, ei gefnogaeth a'i gymorth, ac i Elena a Myrddin yng Ngwasg Carreg Gwalch am eu gwaith hwythau.

I Cynthia Davies

Pennod 1

Mewn swyddfa fach yn stiwdio Teledu'r Werin, rhywle yng Nghanolbarth Cymru, roedd yr awyrgylch yn drwm. Roedd rhan o dîm cynhyrchu'r rhaglen 'Popeth yn yr Ardd' yn cael eu cyfarfod wythnosol.

'Gawn ni ddechrau heb Crad?' meddai Emyr, y cynhyrchydd.

'Pam lai? Fydd Crad ddim eisiau clywed am y ffigurau,' atebodd Haf, yr ymchwilydd.

'Ydy'r ffigurau wedi mynd i lawr eto, 'te?' gofynnodd Dewi, y cyfarwyddwr.

'Ydyn, mae arna' i ofn. 'Dan ni'n colli gwylwyr bob wythnos ar hyn o bryd. Mae'n rhaid i ni feddwl am rywbeth newydd i'w wneud,' meddai Emyr.

Cododd Dewi ei ysgwyddau. 'Does dim gobaith o hynny. Dydy Crad ddim yn hoffi newidiadau.'

'Mae'n amlwg fod pobl wedi cael hen ddigon ar Crad. A dweud y gwir 'dan ni i gyd wedi cael llond bol ar Crad. Mi ddylen ni ddod â phobl newydd i mewn i'r rhaglen.' Roedd Haf yn edrych ar Emyr yn ofalus.

'Fydd Crad ddim . . . ' dechreuodd Emyr.

'Dyna'r broblem, yntê? Mae pob brawddeg yn dechrau efo "Fydd Crad ddim" neu "Dydy Crad ddim". Oes ots be mae Crad yn ei feddwl? Mae o'n haeddu colli'r sioe.' Doedd Haf ddim yn edrych fel tasai hi'n poeni o gwbl.

'Paid â dweud hynny. Tasai Crad yn colli'r gyfres, basen ni'n colli'n swyddi hefyd. Dwi wedi rhoi wyth mlynedd i'r rhaglen 'ma. Does gyda fi ddim byd arall. Dewch 'mlaen, oes dim syniadau newydd gyda neb?' Problem fawr Emyr oedd ei fod o erioed wedi cael syniad newydd ei hun.

'Wel, mae gen i un syniad bach,' meddai Dewi.

'Da iawn, Dewi. Gawn ni ei glywed e, 'te?'

'Ella dylen ni gael cystadleuaeth.'

'Pa fath o gystadleuaeth?' gofynnodd Emyr.

'Cystadleuaeth i chwilio am y pentre garddio gorau yng Nghymru. Mi fedrai Crad fynd o gwmpas y wlad yn beirniadu gerddi mewn gwahanol bentrefi. Mi fedrwn ni gael cystadleuaeth mewn dwy ran — gerddi yn y gwanwyn a gerddi yn yr haf. Be 'dach chi'n feddwl?'

'Dwi'n ei hoffi fe. Syniad da, Dewi.' Dechreuodd Emyr gyffroi. Edrychodd Haf a Dewi ar ei gilydd.

'Fedrwn ni ddim gwneud penderfyniad heb Crad. Lle mae o beth bynnag?' meddai Haf.

Y funud honno, agorodd y drws. Daeth pen Crad rownd y gornel.

'Dyma fo. Helô, bobol bach, 'dach chi'n gweithio'n galed!?' Roedd Caradog Rowlands yn gwisgo siaced Barbour, welis gwyrdd a het pysgotwr. Roedd o'n hoffi edrych fel gŵr bonheddig. Yn anffodus, doedd traed Crad ddim yn gweithio'n dda iawn. Baglodd dros ei welis a syrthio ar ei wyneb. Roedd seren y rhaglen wedi meddwi unwaith eto.

Geiriau newydd

awyrgylch — *atmosphere*
baglu — *to trip*
beirniadu — *to judge*
cyfarwyddwr — *director*
cyfres — *series*
cyffroi — *to get excited*
cynhyrchydd — *producer*
cystadleuaeth — *competition*
gŵr bonheddig — *gentleman*
gwylwyr — *viewers*
haeddu — *to deserve*
penderfyniad — *decision*
syrthio — *to fall*
ymchwilydd — *researcher*
ysgwydd — *shoulder*

Pennod 2

Brysiodd Dewi ac Emyr i helpu Crad i'w gadair. Symudodd Haf ddim.

'Dwi'n iawn, hogia, diolch yn fawr,' chwarddodd Crad.

'Neis gweld dy fod ti'n dal yn agos i'r pridd, Crad.' Gwenodd Haf arno.

'Haf, del! Sut mae ein gwrach fach ni o'r gogledd?'

'Dwi'n dal yn fyw, diolch.'

'Wel, 'na bechod. Beth bynnag, oes 'na goffi, Em?'

Cododd Emyr y ffôn. 'Coffi i bedwar, os gwelwch yn dda, Siân.' Trodd at Crad. 'Mae syniad newydd gwych gyda Dewi ar gyfer y rhaglen, Crad.'

'Dwi ddim yn hoffi syniadau newydd,' chwyrnodd Crad.

Cyrhaeddodd Siân gyda choffi, a rhoi cwpan i bawb. Yn simsan, estynnodd Crad ei law i geisio pinsio ei phen-ôl, ond roedd hi'n rhy gyflym. Roedd hi wedi arfer osgoi dwylo Crad.

' 'Dach chi eisiau bisged, Mr Rowlands?' gwenodd Siân, yn saff o'r ochr arall i'r bwrdd.

'Dim diolch, del.' Tynnodd Crad fflasg fach o'i boced a thywallt tot mawr i mewn i'w goffi. 'Tyrd i eistedd wrth fy ochr i, Siân fach.'

'Mae'n ddrwg gen i, Mr Rowlands, mae gen i lawer o waith i'w wneud.' Roedd Siân am ddianc i'w swyddfa.

'Wel, mae'n debyg dylwn i wrando ar syniad Dewi, 'te,' meddai Crad.

Pan oedd Dewi'n esbonio ei syniad, taniodd Crad sigarét. Yn araf chwythodd y mwg tuag at yr arwydd 'Dim Ysmygu'.

'Dydy o ddim yn syniad rhy ddrwg, Dewi, ond dwi ddim eisiau mynd o gwmpas pob pentre diflas yng Nghymru. Mi fyddwch chi'n gorfod cael tîm o feirniaid i'ch helpu chi.'

Siaradodd Haf eto. 'Dwi'n cytuno, ond mae gen i syniad arall. Dydy Crad ddim yn boblogaidd iawn ar hyn o bryd.'

'Paid â siarad lol!' gwaeddodd Crad gan daro ei law ar y bwrdd.

'Tyrd 'mlaen Crad, rwyt ti wedi gweld y ffigurau. Dwi'n siŵr bydd cystadleuaeth yn help, ond dwi'n meddwl basai hi'n syniad da gwneud ffilm am Crad hefyd.'

'Ffilm am Crad ydi "Popeth yn yr Ardd", yr ast ddwl,' torrodd Crad ar ei thraws. Cymerodd ddiod arall o'i fflasg. 'Pam wnei di ddim cael gwared ohoni hi, Em? Ella basen ni'n medru cael rhywun neis yn ei lle.'

'Fyddai neb neis eisiau gweithio efo chdi, dyna pam!' gwaeddodd Haf.

Chwarddodd Crad. Roedd o'n hoffi gwylltio'r ymchwilydd.

Anwybyddodd Haf o. 'Ga' i orffen, Emyr?'

'Os gweli di'n dda — bydda'n dawel Crad!'

'Byddai ffilm "Bywyd Crad" yn dangos Crad yn gwneud pethau da ac yn helpu pobl o gwmpas y wlad,' meddai Haf.

'Helpu pobl?' Edrychodd Crad yn syn. 'Garddwr i, y ferch dwp. Pethau efo gwreiddiau a dail dwi'n eu hoffi, ddim pethau efo coesau. Anghofia am y peth, dim pobl, dim anifeiliaid, a dim adar yn y ffilm. Mae'n gas gen i nhw i gyd.'

'Tybed pam dwyt ti ddim yn boblogaidd . . . ' murmurodd Haf.

'Be?' meddai Crad yn flin.

'Dim byd,' meddai Haf. Trodd hi at Emyr. 'Wel, mae gynnon ni dipyn o lythyrau oddi wrth gartrefi plant a'r henoed yn gofyn am help Crad.'

'Mae'n gas gen i blant a henoed,' chwyrnodd Crad.

'Gwranda,' meddai Haf, 'dwi ddim yn ceisio bod yn gas, Crad, ond rwyt ti angen y cyhoeddusrwydd. Mi fydd rhaid i ni ennill yn ôl dy enw da di.'

'Ro'n i wedi cael enw da heb help oddi wrthot ti!'

'Stopiwch! Stopiwch!' gwaeddodd Emyr. Roedd o'n treulio gormod o amser yn ceisio osgoi ffrae rhwng Haf a Crad.

'Gawn ni gytuno i symud ymlaen gyda'r gystadleuaeth?' gofynnodd.

Cytunodd pawb.

'Reit, fe wnawn ni eitem ar y gystadleuaeth yn y rhaglen nesaf, a gofyn i'r gwylwyr anfon am ffurflen gais. Gall Haf weithio ar y manylion.' Cododd Emyr ei bapurau.

'Beth am "Bywyd Crad"?' gofynnodd Dewi.

'Mi wna' i feddwl am y peth.' Roedd Crad yn dal i bwdu.

'Da iawn,' meddai Emyr, 'wela' i chi i gyd bore dydd Iau. Fe ddechreuwn ni saethu am ddeg o'r gloch ym Mhlas Llys-wen.'

'Ta-ta rŵan, Crad. Gobeithio dy fod ti ddim yn mynd i yrru,' meddai Haf.

'Paid â busnesu, yr ast ddwl.' Ceisiodd Crad dywallt diod, ond roedd y fflasg yn wag.

Geiriau newydd

anwybyddu — *to ignore*
arwydd — *sign*
beirniad — *judge*
cael gwared o — *to get rid of*
cyhoeddusrwydd — *publicity*
chwyrnu — *to growl*
chwythu — *to blow*
dail — *leaves*
ffrae — *row*
gast — *bitch*
gwrach — *witch*
gwreiddiau — *roots*
osgoi — *to avoid*
pridd — *soil*
pwdu — *to sulk*
saethu — *to shoot*
simsan — *unsteady*
taro — *to hit*
tywallt — *to pour*

Pennod 3

Ym mar cefn *Y Llew Du* cododd Dewi a Haf eu gwydrau.

'Iechyd da, Dewi. Mae'n debyg ei fod o wedi cymryd yr abwyd.'

'Gobeitho. Iechyd da, Haf fach. Wyt ti'n meddwl bydd o'n cytuno i ffilmio "Bywyd Crad"?'

'Os bydd o'n gall. Fydd o ddim yn hoffi ei wneud o, ond mae o'n gwybod yn dda iawn sut i chwarae rhan "seren deledu". Mae'n bechod ein bod ni heb ddechrau heddiw pan syrthiodd o ar ei wyneb.'

'Fedrwn ni ddefnyddio dyn camera "Popeth" i wneud "Bywyd Crad"?'

'Dwi'n siŵr basai Dafydd yn barod i helpu i gael gwared o Crad.'

'Ac wrth gwrs mi fyddwn ni'n defnyddio Dafydd ar y rhaglen newydd.'

'Pwy arall o'r criw ddylai wybod?'

'Wel mae pawb sy'n gweithio efo Crad yn ei gasáu o, ond does dim eisiau rhannu'r newyddion efo pawb. Does dim eisiau i Emyr wybod y gwir.'

'Dim ond un broblem sy' 'na,' meddai Haf.

'Be felly?'

' 'Dan ni'n defnyddio'r gystadleuaeth fel esgus i ffilmio Crad ar ei waetha. Mae'n debyg bydd y gystadleuaeth yn boblogaidd. Ella bydd nifer gwylwyr y rhaglen yn codi.'

'Ella, ond erbyn hynny bydd rhaglen beilot Huw Williams yn barod. Mi fydd hi'n siŵr o gael ei derbyn a chyn hir bydd Crad yn hen newyddion. Mae enw Huw Williams yn newydd rŵan, ond mi fydd pawb yn gwybod amdano fo'n fuan.' Cododd Dewi ei wydr eto, 'I Huw.'

'Iechyd! Glywaist ti ei fod o wedi ennill teitl "Cogydd y Flwyddyn"?'

'Do. Ac erbyn diwedd y mis dwi'n meddwl bydd ei dŷ bwyta'n ennill "Tŷ Bwyta'r Flwyddyn" hefyd.'

'Mi fasai'n dda tasai'r tîm newyddion yn medru bod yno. Fedret ti drefnu rhywbeth efo nhw, Haf?'

'Dim problem. Mae Huw yn edrych yn dda ac mae ganddo fo bersonoliaeth wych. Mae o'n un naturiol ar gyfer y teledu.'

'Wyt ti wedi ei weld o'n ddiweddar?' gofynnodd Dewi.

'Do. Ar ôl prawf terfynol "Cogydd y Flwyddyn". Mae o'n awyddus iawn i wneud y gyfres goginio, ond mae o'n gwybod fod rhaid iddo fo gadw'n dawel am y peth tan bydd y rhaglen beilot wedi'i gorffen.'

'Wel, mi ddylen ni fynd â Dafydd a dyn sain i dŷ bwyta Huw mor fuan ag sy'n bosib. Fedret ti drefnu hynny?'

'Wrth gwrs,' meddai Haf. 'Mae gan Dafydd ddiwrnod neu ddau'n rhydd yr wythnos nesaf. Be wnawn ni alw'r rhaglen newydd?'

'Be am "Popeth yn y Gegin"?' Roedd y ddau'n chwerthin eto.

' "Huw yn y Gegin"? "Rhywbeth Blasus"? "Be sy'n Coginio?" Wn i ddim. Mi fydd rhaid i ni drafod y teitl efo Huw. Ella ei fod o wedi cael rhai syniadau.'

Cododd Haf ei bag llaw. 'Mae'n well i mi fynd, Dewi. Mae gen i gyfarfod efo Emyr y pnawn 'ma.'

Cododd Dewi. 'Iawn, 'te. Fyddwn ni'n saethu bore dydd Iau yng ngardd Crad, fyddwn ni?'

'Byddwn. Mae'n bechod na fasen ni'n medru saethu Crad. Mi fyddai hynny'n arbed llawer o drafferth.'

'Wyt ti'n meddwl gwneith o fynd heb lawer o ffws, pan ddywedwn ni bod rhaid iddo fo ymddeol?'

'Dim peryg! Mi wneith o ymladd fel cath wyllt.'

'Ella gwneith o stopio yfed, i achub y rhaglen,' meddai Dewi.

'Byth. Fedrith o ddim gwneud "Bywyd Crad" heb ei fflasg fach. Os wneith hynny helpu ein hachos ni, mi wna' i hyd yn oed brynu diod iddo fo.'

'Paid â gwneud hynny. Mi fasai Crad yn gwybod bod rhywbeth o'i le taset ti'n neis efo fo!'

Geiriau newydd

abwyd — *bait*
achub — *to save*
arbed — *to spare*
awyddus — *keen*
brwydro — *to fight*
call — *sensible*
dyn sain — *sound technician*
gwydr — *glass*
prawf terfynol — *final*
rhaglen beilot — *pilot programme*
rhannu — *to spread*
rhydd — *free*
rhywbeth o'i le — *something wrong*
yn ddiweddar — *recently*

Pennod 4

Bore dydd Iau cyrhaeddodd y criw ffilmio ardd Crad. Gardd Isabel, gwraig Crad, oedd hi a dweud y gwir, ond doedd neb yn sôn am hynny. Flynyddoedd yn ôl, roedd tad Isabel, Syr Pedr Llewelyn, wedi gofyn i Crad ail-gynllunio gardd y plas. Dyn busnes llwyddiannus oedd Crad ar y pryd yn rhedeg meithrinfa blanhigion fawr, ond ar ôl bod yn gweithio yng ngardd Plas Llys-wen daeth yn enwog trwy'r wlad. Roedd o'n ddyn golygus bryd hynny, ac roedd hi'n hawdd deall pam roedd Isabel wedi syrthio mewn cariad efo fo.

Gwyliodd Haf Crad yn paratoi ar gyfer y rhaglen. Roedd rhaid iddi hi gyfadde ei fod o'n dal i fod yn olygus, efo ychydig o help oddi wrth yr adran goluro. Roedd ei wallt llwyd yn disgleirio fel arian yn yr haul, a'r bore hwnnw roedd ganddo fo wên i bawb. Pan oedd rhywun yn gofyn cwestiwn yn y rhaglen, roedd Crad yn crafu ei locsyn byr, llwyd, gan feddwl cyn ateb. Roedd o'n edrych yn union fel hen ŵr doeth y byd garddio. Roedd ganddo fo apêl, doedd dim dwywaith amdani.

Daeth Dewi heibio. 'Mae Crad mewn hwyliau da y bore 'ma, diolch i Dduw. Pam tybed?'

'Ella 'i fod o wedi saethu aderyn neu gicio ci bach cyn i ni gyrraedd,' meddai Haf. 'Ydy o wedi dechrau yfed eto?'

'Ydy, mae'n debyg. Ond, dyma Isabel efo'r cŵn. Mi fydd yn rhaid iddi hi fynd â nhw o'r ffordd.'

'Isabel druan,' meddai Haf yn dawel wrth i Dewi fynd i siarad efo'r wraig.

Pan oedd Crad bron â gorffen ei waith ar ardd Syr Pedr mi briododd o ac Isabel. Dywedodd pawb fod Syr Pedr yn llai na hapus ynglŷn â'r briodas. Unig blentyn oedd Isabel ac roedd Crad ugain mlynedd yn hŷn na hi — ond roedd Isabel yn feichiog. Cafodd ei mab, Selwyn, ei eni chwe mis ar ôl iddyn nhw briodi.

Daeth Selwyn drwy giât yr ardd; roedd o'n ddwy ar hugain oed erbyn hyn, ac yn dal a golygus fel ei dad.

Gwaeddodd Dewi, 'Gawn ni ddechrau, bawb?'

Symudodd y camera mawr yn araf tuag at Crad, a dechreuodd o siarad. Pan oedd nifer y gwylwyr wedi mynd i lawr y tro diwetha, ddwy flynedd yn ôl, roedd Emyr wedi dweud bod rhaid iddyn nhw gael wyneb newydd ar y rhaglen. Doedd Crad ddim yn hapus efo'r syniad wrth gwrs: doedd o ddim eisiau cystadleuaeth. Yn y diwedd awgrymodd Crad ei fab ei hun gan feddwl basai fo'n medru cadw Selwyn o dan ei fawd. Dywedodd Crad hefyd nad oedd Selwyn yn gallu siarad Cymraeg yn dda iawn — roedd o wedi bod mewn ysgol breswyl yn Lloegr, hen ysgol Syr Pedr — felly dim ond rhan fach iawn fasai fo'n ei chael ar y rhaglen.

'Paid â siarad lol, Crad!' roedd Haf wedi dweud ar y pryd. 'Mae Selwyn yn siarad Cymraeg fel chdi a fi.' Ond Crad enillodd. Doedd neb yn deall pam cytunodd Selwyn â'r syniad. Doedd Crad erioed wedi dangos diddordeb yn Selwyn. Isabel a Syr Pedr oedd wedi magu Selwyn a dweud y gwir. Beth bynnag, doedd Emyr ddim yn poeni. Daeth Selwyn yn boblogaidd yn syth ac roedd y gwylwyr wedi dechrau dod yn ôl.

Roedden nhw yn symud rŵan i'r ardd lysiau.

'Sut mae'r moron cynnar yn dod ymlaen, Sel?' clywodd Haf Crad yn gofyn.

'Da iawn, Dad.'

'A be ydy enw'r math yma?'

'*Early Nantes*, Dad.'

' 'Na fo, Sel. Diolch yn fawr iawn.' Trodd Crad at y camera a dechrau disgrifio nodweddion y moron.

Gwas yr ardd, dyna ran Selwyn. Doedd Haf ddim yn deall pam ei fod o'n fodlon derbyn y sefyllfa. Roedd gan Selwyn radd mewn economeg, a fo oedd yn rheoli'r stâd y dyddiau hyn . . .

Wrth i'r camera edrych dros yr ardd lysiau, yn sydyn, rhedodd cwningen fach drwy'r gwely tatws, dros res o gennin a saethu o flaen Crad. Daeth Pwt, Jac Russel Isabel wedyn, yn dynn wrth sodlau'r gwningen, gyda Dai a Ianto, hen gŵn defaid Isabel yn rhedeg ar ôl Pwt. Roedd hi'n anodd dweud pa un oedd Crad yn ei hoffi leia, cŵn neu gwningod. 'Cŷt!' gwaeddodd Crad gan estyn am ei raw.

Nodiodd Dewi ar Dafydd tu ôl i'r camera, a chariodd Dafydd ymlaen i ffilmio.

Geiriau newydd

ail-gynllunio — *to redesign*
beichiog — *pregnant*
colur — *make-up*
crafu — *to scratch*
cyfadde — *to confess*
dim dwywaith amdani — *no two ways about it*
disgleirio — *to shine*
doeth — *wise*
golygus — *handsome*
hwyliau da — *high spirits*
locsyn — *beard*
llwyddiannus — *successful*
meithrinfa blanhigion — *(plant) nursery*
nodwedd — *feature*
rhaw — *spade*
yn dynn wrth ei sodlau — *hot on his heels*
ysgol breswyl — *boarding school*

Pennod 5

Methodd Crad daro Pwt efo'r rhaw, ond wnaeth o ddim methu Ianto. Trodd Ianto a dechrau ymosod ar Crad yn wyllt. Cododd Crad ei raw unwaith eto yn barod i daro'r ci defaid.

'Paid Dad!' gwaeddodd Selwyn, gan dynnu'r rhaw o'i afael. Ceisiodd Ianto frathu coes Crad. Daeth Dai ato a dechrau ymosod o'r tu ôl. Ciciodd Crad i bob cyfeiriad, gan regi a gweiddi.

'Cerwch o'ma'r blydi cŵn. Sel! Sel! Dos â'r cŵn o 'ma!'

'Dai! Ianto! I lawr, bois. Dewch yma ar unwaith!' gwaeddodd Selwyn, ond roedd y cŵn yn eu mwynhau eu hunain.

Gafaelodd Selwyn yng ngholeri'r cŵn, a'u tynnu oddi wrth Crad.

'Eisteddwch!' Eisteddodd y cŵn yn dawel wrth draed Selwyn. Roedd gan Ianto ddarn bach o drwsus Crad yn ei geg. Herciodd Crad o'r ardd gan regi ar bawb.

Daeth Isabel draw o'r ochr arall i'r ardd a'i hwyneb yn goch.

'Be sy'n digwydd, Sel?' gofynnodd hi.

Ar ôl i Sel esbonio, gwaeddodd Isabel ar ôl Crad, 'Cofia gael jab tetanus, Crad.' Trodd hi at y cŵn. ' 'Dach chi'n gŵn drwg, cŵn drwg iawn.' Mwythodd hi bennau'r cŵn, a rhoi bisged i bob un.

Aeth Sel ar ôl Crad i mewn i'r iard. Tynnodd Crad botel allan o'i dryc pic-yp. Yfodd ohoni hi.

'Wyt ti'n iawn, Dad?'

'Nac ydw, dwi ddim yn iawn o gwbl. Dwi'n mynd i'r *Bedol*.'

Dringodd yn drafferthus i mewn i'r tryc, a chychwyn yr injan.

'Ond Dad . . . '

Neidiodd y tryc ymlaen wrth i Crad roi ei droed ar y sbardun. Yn anffodus, roedd Selwyn yn rhy agos i'r pic-yp. Rhedodd yr olwyn gefn dros ei droed, a syrthiodd Selwyn. Gwaeddodd mewn poen tra diflannodd Crad allan o'r iard mewn cwmwl o lwch. Rhedodd pawb i helpu Selwyn. Nodiodd Dewi ar Dafydd. 'Cŷt, dwi'n meddwl.'

Geiriau newydd

brathu — *to bite*
cwmwl o lwch — *cloud of dust*
gafael — *to grasp*
hercio — *to limp*
mwytho — *to fondle*
olwyn — *wheel*
rhegi — *to swear*
sbardun — *accelerator*
ymosod — *to attack*

Pennod 6

Ym mhentre bach Afon-las, roedd pwyllgor y Clwb Garddio yn cynnal cyfarfod. Roedden nhw wedi bod yn trafod cystadleuaeth 'Popeth yn yr Ardd', ac rŵan roedd y cadeirydd, Bob Roberts, eisiau penderfyniad. Swydd yr ysgrifenyddes, Ann Williams, oedd cyfri'r dwylo.

'Ydyn ni'n mynd i gymryd rhan yn y gystadleuaeth? Mae pawb yn meddwl bod gynnon ni siawns dda o ennill.'

Roedd murmur o gytundeb o gwmpas y bwrdd.

'Ann,' trodd Bob ati. ' 'Dach chi ddim wedi dweud dim byd eto. Be 'dach chi'n feddwl?'

Roedd Ann yn gobeithio na fyddai Bob yn gofyn iddi. Roedd hi'n casáu'r syniad.

'Dydw i ddim yn meddwl mai aelodau'r Clwb Garddio yn unig ddylai benderfynu. Dylai pobl y pentre gael dweud eu barn hefyd. Bydd pawb yn gorfod gweithio'n galed.'

'Dwi'n siŵr bydd pawb yn edrych ymlaen at weld Crad Rowlands yma yn y pentre,' meddai rhywun. Dechreuodd pawb siarad am Crad.

Roedd Ann wedi treulio pum mlynedd ar hugain yn osgoi meddwl am Crad Rowlands. Un ar hugain oed oedd hi pan briododd hi Crad. Roedd Crad yn dri deg chwech ar y pryd, yn olygus, yn llawn o swyn, ac yn gweithio'n galed i godi ei feithrinfa blanhigion gyntaf. Roedd Ann — Angharad yn y dyddiau hynny — newydd ddechrau ei swydd gynta fel athrawes.

Clywodd Ann rywun o'r pwyllgor yn dweud fod Crad yn 'hoffi codi'r bys bach . . . ' . O, oedd, roedd hi'n gwybod hynny'n iawn o brofiad. Sylwodd Ann ychydig wythnosau ar ôl y briodas fod Crad yn yfed llawer gormod. Yna pan ddywedodd hi wrtho fo ei bod hi'n feichiog, aeth Crad yn ddig iawn.

Roedden nhw'n byw ar gyflog Angharad a gan ei fod o'n gwario cymaint ar ddiod, roedd arian yn brin. Un noson ar ôl ffrae fawr, roedd Crad wedi meddwi unwaith eto. Trawodd Crad Angharad nes iddi syrthio lawr y grisiau. Buodd bron â cholli'r babi, a phan adawodd hi'r ysbyty aeth hi'n syth yn ôl adre at ei mam. 'Ddaeth hi ddim yn ôl at Crad, na'i weld o wedyn.

Sylweddolodd Ann ei bod hi'n dawel yn yr ystafell bwyllgor. Roedd rhywun wedi gofyn cwestiwn iddi hi. Roedd pawb yn aros am ateb.

'Be 'dach chi'n awgrymu, Ann?' meddai Bob unwaith eto. Roedd yn rhaid iddi hi geisio canolbwyntio, meddyliodd.

'Beth am gynnal cyfarfod cyhoeddus yn y Neuadd Goffa i weld faint o gefnogaeth fydd 'na yn y pentre?'

Dechreuodd y pwyllgor drafod yr awgrym.

Eisteddodd Ann yn ôl. Pan gafodd eu mab, Huw, ei eni, soniodd Ann ddim byd amdano wrth Crad, ac wnaeth Crad ddim holi chwaith. Penderfynodd Angharad gychwyn o'r newydd a chael swydd yn Awstralia, lle'r oedd ei chwaer yn byw. Tua un oed oedd Huw ar y pryd. Roedd ei phasport yn ei henw hi, cyn iddi briodi. Doedd hi ddim eisiau ei newid o. Dechreuodd alw ei hun yn Ann yn Awstralia. Doedden nhw ddim yn gallu dweud 'Angharad' yn Sydney beth bynnag.

Roedd Bob yn siarad eto. 'Gawn ni bleidleisio rŵan?' Cyfrodd Ann y dwylo. Trefnodd y pwyllgor y dyddiad, y lle a'r amser ar gyfer y cyfarfod cyhoeddus. Fel roedd pawb yn gadael y cyfarfod, aeth Bob at Ann, ' 'Dach chi ddim yn edrych yn frwd i gymryd rhan yn y gystadleuaeth, Ann. Oes rhywbeth yn bod?'

'Nac oes, Bob. Dwi'n siŵr bydd popeth yn iawn os gwneith pawb weithio gyda'i gilydd,' meddai Ann gan geisio gwenu.

'Mi fyddai hi'n wych cael Crad Rowlands yn y pentre.'

'Dwi'n siŵr,' meddai Ann. 'Wel, nos da, Bob, mae gen i ddiwrnod prysur yfory.'

Ella bod Ann yn teimlo wedi blino, meddyliodd Bob. Doedd hi ddim yn edrych yn dda iawn.

Geiriau newydd

awgrymu — *to suggest*
barn — *opinion*
brwd — *enthusiastic*
canolbwyntio — *to concentrate*
cefnogaeth — *support*
codi'r bys bach — *to tipple*
cyflog — *wages*
cyfri — *to count*
holi — *to enquire*
pleidleisio — *to vote*
prin — *scarce*
pwyllgor — *committee*
swyn — *charm*
sylweddoli — *to realise*

Pennod 7

Pan gyrhaeddodd Ann gartre, gwnaeth goffi iddi ei hun. Tywalltodd wisgi bach hefyd ac eistedd ar y soffa. Dydy hi ddim yn deg, meddyliodd wrth edrych ar ffotograff Huw. Wna' i ddim gadael iddo fo ddinistrio popeth ar ôl cymaint o flynyddoedd.

Roedd gan Ann atgofion hapus o Awstralia. Roedd ganddi swydd dda, tŷ braf a digon o ffrindiau. Ar ôl tair blynedd yno, daeth yn ôl i Gymru am wyliau, a Huw gyda hi. Roedd hi'n gwybod fod Crad wedi bod yn trio cysylltu efo hi ers amser. Roedd o wedi bod yn anfon llythyrau at ei mam yn gofyn lle'r oedd hi ac yn dweud ei fod o eisiau ysgariad. Dywedodd Ann wrth ei mam am roi ei chyfeiriad yn Awstralia i Crad. Wedyn, gofynnodd hi i'w chwaer yn Awstralia anfon llythyrau yn ôl at Crad efo 'Wedi mynd i ffwrdd' ar yr amlen. Roedd hi'n gwybod bod Crad yn medru cael ysgariad heb ei chaniatâd hi mewn pum mlynedd beth bynnag. Doedd 'na ddim brys. Doedd hi ddim eisiau siarad efo Crad, byth, a doedd hi byth eisiau priodi eto.

Roedd Ann wedi bwriadu cymryd cytundeb swydd newydd yn Awstralia, ond ar ddiwedd ei gwyliau, penderfynodd aros yng Nghymru a magu Huw yn Gymro Cymraeg. Cafodd swydd yn Ysgol Afon-las, yn bell i ffwrdd oddi wrth ffrindiau a pherthnasau a oedd yn gwybod am ei thrafferthion efo Crad.

Un diwrnod, darllenodd ei mam yn y papur newydd bod Crad wedi priodi eto. Roedd hi wedi cael sioc, a ffôniodd ei merch.

'Does dim ots,' meddai Ann, 'triwch anghofio amdano fo, Mam. Mae Huw yn meddwl fod ei dad wedi marw. Gawn ni adael pethau fel maen nhw?'

Roedd blynyddoedd wedi mynd heibio ers hynny. Roedd ei mam wedi marw, ac roedd Huw yn gogydd, ac yn berchen tŷ bwyta ardderchog yn y dref nesaf at Afon-las. Roedd o wedi dechrau gwneud enw iddo'i hun hefyd, ac roedd rhyw gwmni teledu eisiau cynnig cyfres ei hun iddo fo. Dyna gyd-ddigwyddiad tasai gan Huw a'i dad gyfres ar y teledu ar yr un pryd. Roedd Ann wedi bod yn dilyn gyrfa Crad o bell, ond pan welodd Ann o ar 'Popeth yn yr Ardd', doedd hi ddim yn teimlo dim byd o gwbl. Dim ond wyneb arall ar y teledu oedd o, dyna i gyd.

Mi fuodd hi bron â gwneud camgymeriad unwaith, pan oedd Huw eisiau ei dystysgrif geni i gael pasport i weithio yn Ffrainc. Ond dywedodd Ann ei bod hi wedi colli'r dystysgrif ac wedyn anfonodd am dystysgrif geni newydd, un fer, heb enw Crad arni. Doedd hi ddim eisiau i Huw ddod i wybod unrhyw beth am Crad. Byddai hi'n gwneud yn siŵr o hynny.

Trodd Ann ei sylw at yr ardd, a meddyliodd am gystadleuaeth y pentre garddio gorau. Doedd hi ddim yn bwriadu bod adref pan oedd y beirniadu'n digwydd, ond byddai'n gofalu bod yr ardd yn edrych yn dda. Dyna'r peth pwysicaf. Ond beth am ardd Iola drws nesa?

Geiriau newydd

amlen — *envelope*
atgofion — *memories*
bwriadu — *to intend*
caniatâd — *permission*
camgymeriad — *mistake*
cyd-ddigwyddiad — *coincidence*
cytundeb — *contract*
dychwelyd — *to return*
gyrfa — *career*
perchen — *to own*
perthynasau — *relations*
sicrhau — *to make sure*
tystysgrif geni — *birth certificate*
ysgariad — *divorce*

Pennod 8

Roedd Ann yn byw ym Mhen-y-bryn, tŷ hyfryd gyda gardd fawr a golygfa fendigedig dros y pentre a'r môr. Symudodd Iola i'r tŷ nesaf i lawr y bryn bum mlynedd yn ôl. Gweddw oedd Iola, tua phedwar deg pump oed, yn dlws ac yn nwyfus. Roedd gan Iola fywyd prysur. Roedd hi'n aelod o Ferched y Wawr, y côr lleol, y Clwb Golff, a phwyllgor hospis yn y Cartref, gan bod ei gŵr wedi marw o gancr. Roedd hi'n gweithio hefyd yn Siop Tenovus yn Morfa-las, y dref agosaf at Afon-las, ac yn helpu yn y cartref i blant anabl ddeng milltir i ffwrdd.

Pan symudodd Iola i'r pentre, daeth hi ac Ann yn ffrindiau mawr ar unwaith. Dros goffi un bore, dywedodd Iola wrthi ei bod hi'n colli ei gŵr yn ofnadwy. 'Mi faswn i'n hoffi cael dyn o gwmpas y tŷ. Wyt ti erioed wedi meddwl am ail-briodi?' gofynnodd.

'Naddo,' meddai Ann. 'Fedrai neb lenwi lle fy ngŵr i.' Roedd hynny'n wir, o leia. 'Dwi'n ddigon hapus efo fy ngwaith, fy ngardd ac wrth gwrs, Huw. Dwi ddim angen dyn.'

'Wel, dwi angen dyn, a dwi'n bwriadu chwilio am ŵr arall hefyd,' meddai ei chymdoges.

Chwarddodd Ann. 'Wel, mae'n rhaid i ti ymuno â chlybiau lle mae 'na lawer o ddynion, 'te!'

Dyma pam roedd Iola wedi ymuno â'r côr a'r Clwb Golff.

‘Oes ’na ddynion neis yn y Clwb Garddio?’ gofynnodd iddi unwaith.

Gwenodd Ann. ‘Wel, mae dynion y Clwb Garddio yn treulio llawer o amser yn eu gerddi, ac maen nhw i gyd wedi priodi’n barod. A beth bynnag, dwi wedi sylwi, ’sgen ti ddim cymaint â hynny o ddiddordeb yn dy ardd.’

‘Dwi’n teimlo’n euog ynglŷn â’r ardd. Mae dy ardd di’n edrych mor brydferth. Wnei di fy helpu i i roi trefn arni?’

‘Dwi braidd yn brysur y dyddia’ yma i fedru cynnig llawer o help, ond mi fedra’ i ddweud wrthot ti be i brynu a rhoi ’chydig o doriadau i ti os wyt ti eisiau.’

Dangosodd Ann ei gardd i Iola. ‘Be ydy enw’r planhigion ’ma, a be ydy hwn, a be am hwnna?’ holodd ei chymdoges. Atebodd Ann lot o gwestiynau. Y gwanwyn canlynol, roedd gardd Iola yn union fel gardd Ann, a’r un peth yn yr haf. Doedd Ann ddim yn hapus o gwbl. Doedd gan Iola ddim syniadau ei hunan. Cyn hir, sylweddolodd Ann bod yna reswm am hyn. Doedd Iola ddim yn gallu dweud y gwahaniaeth rhwng lliwiau! Dyna pam roedd ei dillad hi yn edrych mor ofnadwy.

Yr hydref wedyn dywedodd Ann wrthi, ‘Dwi’n meddwl gwneud rhywbeth gwahanol efo’r bylbiau y gwanwyn nesaf.’ Rhoddodd restr o fylbiau gwanwyn a phlanhigion haf i Iola, ac aeth hithau i brynu popeth. Yn anrheg Nadolig, rhoddodd Ann ddyn bach carreg gyda het las, siaced goch a thrwsus melyn i Iola.

‘Diolch yn fawr iawn, Ann,’ meddai Iola, ‘mae o’n wych.’ Cafodd y corrach le arbennig yng nghanol gardd Iola.

Erbyn hyn, roedd gardd Iola yn edrych yn hollol

wahanol i ardd Ann. Roedd hi'n llawn o gorachod gardd a lliwiau oedd yn rhegi ei gilydd. Fyddai hi ddim yn plesio beirniaid y gystadleuaeth yn sicr. Pan ddaeth hi'n amser i bwyllgor y Clwb Garddio gyfarfod, gwnaeth pawb restr o'r holl erddi yn y pentref oedd gan broblem. Doedd yna ddim amser i'w golli.

'Bydd rhaid i chi wneud rhywbeth ynglŷn â gardd eich cymdoges,' meddai Bob Roberts wrth Ann.

Geiriau newydd

anabl — *disabled*
corrach — *gnome*
cymdoges — *neighbour (f)*
euog — *guilty*
gweddw — *widow*
nwyfus — *vivacious*
rhoi trefn ar — *tidying/get in order*
toriadau — *cuttings*
ynglŷn â — *relating to/concerning*
yn union — *exactly*

Pennod 9

Pan ymddangosodd Selwyn ar 'Popeth yn yr Ardd' gyda'i droed mewn plastar, rhoddodd Crad esboniad i'r gwylwyr. 'Yn anffodus cafodd Selwyn ddamwain yn yr ardd,' meddai.

Roedd Crad wrth ei fodd yn siarad am ddiogelwch yn yr ardd. Hwn oedd ei hoff bwnc. Manteisiodd ar y cyfle, unwaith eto, i ddangos lle mor beryglus oedd gardd, a sut i osgoi damweiniau yno. Roedd Emyr wedi ceisio perswadio Crad i beidio â sôn am hyn. Roedd o'n gwybod byddai miloedd o bobl yn troi'r teledu i ffwrdd. Symudodd Crad i'w sied fach yng nghornel yr ardd, a thynnu'r goriad o'i boced.

'Rŵan 'te,' meddai fo. 'Mae pawb yn gwybod be sy' i mewn yn sied werdd Crad.'

Doedd Emyr ddim eisiau edrych. Roedd Crad yn rhy ofnadwy. Roedd o'n trin y gynulleidfa fel plant mewn pantomeim. Agorodd Crad ddrws y sied. Fel arfer, roedd pawb yn gorfod edrych ar gasgliad Crad o bethau oedd yn lladd chwyn, plâu, a phobl hefyd, os nad oeddech chi'n ofalus. Roedd llawer o sgyrsiau bach Crad yn ddiflas, ond ei sgwrs ar ddiogelwch yn yr ardd oedd y mwya' diflas ohonyn nhw i gyd. Doedd dim gwahaniaeth gan Haf a Dewi. Roedd Crad yn torri ei fedd ei hunan.

Cerddodd Crad yn ôl at Selwyn.

'Sut mae'r droed heddiw, Selwyn?'

'Ddim yn rhy ddrwg, Dad. Mae hi'n gwella bob dydd.'

'Bydd yn ofalus yn y dyfodol, Sel bach.'

'A chithau, Dad,' meddai Selwyn gyda gwên heulog.

'Ffônia'r Pab,' sibrydodd Haf wrth Dewi. 'Mae Sel eisiau bod yn Sant!' Roedd y dyn camera wedi clywed, a dechreuodd chwerthin.

'Cỳt!' meddai Dewi. Roedd y meicroffôn wedi codi Dafydd yn chwerthin.

'Be sy'n digwydd?' gofynnodd Crad mewn llais blin.

'Dim byd, Crad. Unwaith eto Selwyn, os gwelwch yn dda. Dechreuwch efo "A chithau, Dad".'

Erbyn diwedd y bore roedd y criw i gyd wedi dechrau galw Selwyn yn 'Sel Sant'. Clywodd Sel am ei enw newydd, ac roedd o'n meddwl ei bod hi'n jôc dda. 'Sel Sant yn siarad,' meddai pan ffôniodd Haf o. Roedd Haf yn teimlo'n gas.

'Paid â phoeni, Haf fach,' meddai Selwyn. 'Mae e i gyd at achos da.' Penderfynodd Haf na fyddai hi byth yn deall Sel.

Yn ystod y dyddiau nesa, cyrhaeddodd cannoedd o lythyrau'r swyddfa yn holi am iechyd Selwyn. Roedd Selwyn yn falch iawn, ond doedd neb yn meiddio sôn am y llythyrau wrth Crad. Un bore daeth Selwyn i'r swyddfa i arwyddo ffotograffau.

'Ga' i arwyddo fy enw fel "Sel Sant", Haf?' chwarddodd.

Cochodd Haf.

'Mi wnei di achub y sioe, Sel,' meddai Emyr.

'Dim peryg,' meddai Selwyn yn gwta.

Dyna ateb rhyfedd, meddyliodd Haf.

Roedd adroddiadau beirniaid y gerddi yn dod i

mewn o bob rhan o Gymru. Gwnaeth Haf restr o'r pentrefi a oedd yn mynd ymlaen i ail rownd y gystadleuaeth ym mhob ardal. Yn gynhyrfus, ffôniodd hi Dewi i drefnu cyfarfod yn *Y Llew Du*.

' 'Dan ni mewn lwc, Dewi,' meddai hi gan daflu'r rhestr ar y bwrdd.

'Ydyn ni? Pam?'

'Mae pentre bach Afon-las wedi ennill y rownd gyntaf yn ei ardal.'

'Felly?'

'Os wnei di edrych ar y map, mi weli di mai Afon-las ydy'r pentre agosaf at Morfa-las. Gawn ni ddechrau saethu rhaglen Huw pan awn ni i Afon-las efo'r criw?'

Edrychodd Dewi ar y map. 'Gwych!' meddai fo. 'Ond pwy fydd y beirniad yn y gogledd? 'Dan ni ddim eisiau Crad o gwmpas.'

'Dwi'n siŵr bydd Emyr yn medru perswadio Crad i aros yn y de. Dydy Crad ddim yn hoffi'r gogledd beth bynnag. Gawn ni fynd â Sel Sant efo ni?'

'Be fydd yn digwydd os bydd Sel yn dod i wybod be 'dan ni'n ei wneud?'

'Dwi'n siŵr medrwn ni ddod o hyd i rywbeth i'w gadw fo'n hapus.'

'Gobeithio. 'Sgen ti ddyddiadau ar gyfer y rownd nesaf?'

'Dwi'n gweithio ar y manylion yn y swyddfa. Mi ffônia' i Huw. Mi fydd yn rhaid i ni gyrraedd o flaen Selwyn i benderfynu ar drefn ffilmio'r golygfeydd,' meddai Haf. 'Dylen ni fynd ddiwrnod yn gynnar.'

'Mi wna' i adael y trefniadau i ti. Newyddion bendigedig. Gobeithio bydd Sel yn hoffi'r syniad o fynd i Afon-las.'

Roedd Selwyn yn hoffi'r syniad yn fawr.

'Afon-las,' meddai, gan edrych ar y rhestr. 'Rydw i wedi bod yn chwilio am gyfle i ymweld â'r *Madarch Gwyllt*, tŷ bwyta Huw Williams. Rydw i'n siŵr dy fod ti wedi clywed amdano fo, Haf. Huw Williams ydi "Cogydd y Flwyddyn" yng Nghymru.'

'Do,' atebodd Haf yn ofalus. 'Mi wnes i gyfarfod Huw ar ôl y prawf terfynol yng Nghaerdydd.'

'Ardderchog, fe gei di fy nghyflwyno i iddo fe, 'te.'

Geiriau newydd

adroddiad — *report*
arwyddo — *to sign*
bedd — *grave*
beiddio — *to dare*
chwyn — *weeds*
damwain — *accident*
diogelwch — *safety*
manteisio — *to take advantage*
plâu — *pests*
pwnc — *subject*
trin — *to treat*
sibrwd — *to whisper*
y Pab — *the Pope*
yn gwta — *abruptly/shortly*

Pennod 10

Roedd Haf a Dewi wedi cael diwrnod llwyddiannus yn gweithio ar y rhaglen beilot yn *Y Madarch Gwyllt*. Roedd hi'n bwysig gorffen yn gynnar cyn i Selwyn gyrraedd. I ddechrau, roedd Selwyn wedi bwriadu cyrraedd y diwrnod wedyn, a chafodd Haf a Dewi sioc pan ddywedodd Huw bod Selwyn wedi cadw bwrdd ar gyfer tri heno. Tra oedd Dafydd a'r tîm darlledu allanol yn pacio'r fan, roedd Huw, Haf a Dewi yn cael paned gyda'i gilydd.

'Pwy ydy'r ddau arall mae Selwyn wedi archebu bwrdd iddyn nhw?' gofynnodd Haf i Huw.

'Dewi a chi, dwi'n meddwl. Soniodd o am ei ffrindiau sy'n aros yn yr un gwesty.'

'Mae Selwyn yn awyddus iawn i'ch cyfarfod chi, Huw. Pam tybed?'

'Dwi'n siŵr nad oes 'na ddim dirgelwch, Haf. Ella ei fod o'n mwynhau bwyd da!'

'Gawn ni weld heno, 'te,' meddai Dewi gan sefyll ar ei draed.

'Mae rhywun yn parcio car tu ôl i'r fan. Cwsmeriaid cynnar, Huw?'

'Am bump o'r gloch? Gobeithio ddim. Mam ydy hon. Mae hi'n dod â madarch arbennig i mi o'r siop yn y dref.'

Daeth gwraig ganol-oed i mewn i'r tŷ bwyta.

‘Helo Mam, sut wyt ti?’

‘Iawn diolch, Huw. Ydw i’n torri ar draws rhywbeth pwysig?’

‘Dim o gwbl. ’Dan ni newydd orffen. Tyrd i gyfarfod Haf a Dewi.’

‘Wyt ti eisiau paned?’ Ysgydwodd pawb ddwylo.

‘Oes plis, Huw,’ meddai Ann, gan eistedd. ‘Rydw i wedi cael diwrnod anodd efo’r plant heddiw.’

‘Mam ydy prifathrawes yr ysgol gynradd,’ esboniodd Huw, ‘ac ysgrifenyddes y Clwb Garddio hefyd.’

‘Mi fyddwn ni’n eich gweld chi yfory, ’te, Mrs Williams,’ meddai Haf.

Roedd Ann yn edrych yn anesmwyth wrth iddi sipian ei the.

‘Wel, mae gen i ddau neu dri o bethau i’w gwneud yn yr ardd cyn yfory, a deud y gwir.’ Yna, meddai’n sydyn, ‘Esgusodwch fi, dwi’n meddwl fy mod i wedi parcio mewn lle anffodus, Huw. Mae’r fan yn barod i fynd, a dydy hi ddim yn medru pasio. Mi a’ i rŵan dwi’n meddwl.’ Gadawodd ei phaned heb ei orffen. ‘Neis eich cyfarfod chi, mi wela’ i chi yfory.’

‘Ac mae’n rhaid i ninnau gyrraedd y gwesty cyn i Selwyn ddod.’

‘Wela’ i chi heno ella, Huw,’ meddai Dewi.

Cychwynnodd injan y fan a rhedodd Ann i’w char.

Cyrhaeddodd Haf a Dewi y gwesty rhyw funud o flaen Selwyn.

‘Ydach chi’n rhydd i ymuno â fi heno am bryd o fwyd yn y *Madarch*?’ gofynnodd Selwyn ar unwaith.

‘Diolch yn fawr iawn, Sel, byddai hynny’n wych,’ atebodd Haf.

Trefnodd y tri i gyfarfod ym mar y gwesty am saith o’r gloch. Dechreuon nhw drafod cynlluniau’r saethu yn y gogledd dros y dyddiau oedd i ddod, ac wedyn y cynlluniau ar gyfer gweddill y gyfres.

'Ydych chi'n meddwl bod 'na ddyfodol i'r rhaglen?' gofynnodd Selwyn yn sydyn.

'Cwestiwn anodd, Sel,' meddai Dewi.

'Mae gen i resymau dros ofyn. Mi faswn i'n hoffi eich barn. Haf?'

Meddyliodd Haf cyn ateb.

'Dwi'n meddwl bydd y bobl "i fyny'r grisiau" yn chwilio am wynebau newydd,' meddai hi'n ofalus.

'Nid wynebau newydd yn "Popeth". Wynebau hollol newydd?'

Roedd Selwyn wedi dewis ei eiriau'n ofalus hefyd.

'Ella.'

'Gobeithio,' meddai Selwyn gan wenu'n gynnil.

'Pam felly?' meddai Haf.

'Gobeithio mai'r gyfres yma fydd y gyfres olaf, achos rydw i'n bwriadu gadael y rhaglen beth bynnag fydd yn digwydd.' Gwenodd Selwyn eto. 'Ydych chi'n mo'yn diod arall, neu gawn ni fynd?'

Geiriau newydd

anesmwyth — *uneasy*
cynnil — *subtle*
darlledu allanol — *outside broadcast*
dirgelwch — *mystery*
gweddill — *the rest*
mo'yn = eisiau (SW)
torri ar draws — *to interrupt*
ysgol gynradd — *primary school*

Pennod 11

Yn y car ar y ffordd i'r *Madarch Gwyllt*, ymddiheurodd Selwyn. 'Mae'n ddrwg gen i os yw fy newyddion yn syndod i chi, ond rydw i'n teimlo ei bod hi'n amser bod yn onest gyda rhywun ar y rhaglen.'

'Ond pam siarad efo ni, nid Emyr?' gofynnodd Dewi.

'Mae holl wyau Emyr ym masged Crad. 'Dych chi'ch dau ddim yn hoffi Crad. Dwi'n gwybod na fyddwch chi ddim yn sôn am y peth wrtho fe.'

'A deud y gwir, Selwyn,' meddai Haf, 'dwi wedi meddwl yn aml ei bod hi'n od dy fod ti wedi cymryd y swydd yn y lle cyntaf.'

'Mae'r ateb yn syml. Roedd hi'n ffordd hawdd i gael fy enw a fy wyneb ar y teledu. Mae 'na lawer o bobl yn f'adnabod i nawr.'

'Felly, wyt ti'n mynd i fanteisio ar hynny wrth wneud dy gynlluniau?'

'Wrth gwrs.'

'Gawn ni ofyn pa fath o gynlluniau?' gofynnodd Haf.

'Dyma ni.' Stopiodd Selwyn y car o flaen *Y Madarch Gwyllt*. 'Os ych chi'n mo'yn, fe ddweda' i fwy wrthoch chi am y peth dros ginio.'

Roedd tŷ bwyta Huw yn llawn yn barod ond roedd bwrdd wedi ei gadw i'r tri wrth y ffenest. Edrychodd Selwyn o'i gwmpas.

‘Roeddwn i’n disgwyl lle mwy. Faint o bobl sy’ ’ma?’

‘Tua hanner cant, ella,’ meddai Haf.

‘Tybed os ydy e’n meddwl am symud i rywle mwy?’

Dewisodd pawb bryd o fwyd ac archebodd Selwyn win.

‘ ’Dan ni’n edrych ymlaen at glywed am dy gynlluniau di, Sel,’ meddai Dewi.

Daeth y weinyddes â phethau bach blasus i’w bwyta cyn cinio.

‘Iawn, wel, fel ’ych chi’n gwybod, pan fu farw fy nhad-cu gadawodd e’r stâd a phopeth arall i mi.’

‘Dwi’n cofio. Roeddet ti’n fyfyriwr ar y pryd. Dyna pam ddechreuaist ti weithio ar y rhaglen hefyd.’

‘ ’Na fe. Wel, roedd hi’n bwysig iawn i mi i orffen fy ngradd. Cyn i Tad-cu farw roeddwn i wedi trafod dyfodol y stâd gydag e a Mam. Roedden nhw’n hapus gyda fy syniadau.’

‘Wyt ti eisiau gwerthu’r stâd?’ gofynnodd Haf.

‘Dim o gwbl. Dwi mo’yn ei datblygu hi, yn arbennig y tŷ.’

‘Mae o’n hen dŷ prydferth. Be wyt ti’n bwriadu wneud efo fo?’

‘Mae’n amlwg bod y tŷ’n llawer rhy fawr i ni. Mae fflat bach bob un gyda Mam a fi, ac wrth gwrs mae’n well gyda Crad fyw yn yr hen Dŷ Cloc. Dwi mo’yn gwneud gwesty moethus o’r tŷ.’

Arhosodd Selwyn am ymateb Haf a Dewi. Roedden nhw wedi cael eu syfrdanu. Cyrhaeddodd y weinyddes gyda’r cwrs cyntaf.

‘Felly, dyna pam roeddet ti eisiau gwneud dy enw ar y teledu.’

‘Yn union. Sut mae’r madarch, Haf? Mae’r samwn wedi ei fygu’n ardderchog.’

'Gwych,' meddai Haf.

'Mae gan Huw dŷ mygu tu ôl i'r gegin,' meddai Dewi.

'Sut wyt ti'n gwybod?' gwenodd Selwyn.

'Dwi'n cofio clywed rhywun yn sôn am y peth,' meddai Haf yn gyflym. 'Fyddet ti angen caniatâd cynllunio i droi'r tŷ'n westy?'

'Rydw i wedi siarad am y peth gyda'r Cyngor Sir yn barod, a'r Bwrdd Croeso. Dydw i ddim yn meddwl bydd 'na broblem.'

'Ond wrth gwrs, dydy Crad ddim yn gwybod dim byd am y cynlluniau,' meddai Dewi.

'Nac ydy. Dwi'n disgwyl cael problemau gyda Crad.'

'Mae'n gas gan Crad bobl o gwmpas yr ardd. Mae o'n cwyno bob amser am y ddau ddiwrnod agored blynyddol,' meddai Haf.

'Efallai y gallech chi fy helpu i gyda Crad. Rydw i bron yn siŵr eich bod chi'n cynllwynio rhywbeth. Ydych chi mo'yn sôn wrtha' i am y peth?'

'Dim eto,' meddai Haf yn bendant.

Geiriau newydd

cwyno — *to complain*
cynllwynio — *to plot*
datblygu — *to develop*
gweinyddes — *waitress*
moethus — *luxury*
mygu — *smoked*
syndod — *surprise*
tad-cu = taid (SW)
ymddiheuro — *to apologise*
yn bendant — *firmly*

Pennod 12

Cyn i Selwyn gael holi mwy, daeth gweinyddes at y bwrdd i glirio'r prif gwrs. Sylwodd Selwyn ar yr enw ar ei phoced.

'Wel, Bethan, dyna bryd o fwyd ardderchog. Dwedwch wrth Mr Williams ein bod ni'n ei longyfarch os gwelwch yn dda, a gofynnwch iddo a wnaiff e' ymuno â ni am frandi ar ôl cinio.'

'Diolch yn fawr, Mr Rowlands, mi ofynna' i iddo fo. Fel arfer, mae Mr Williams yn mynd o gwmpas y byrddau ar ôl cinio.'

Petrusodd Bethan am funud. 'Mr Rowlands?'

'Ie, Bethan?'

'Dwi'n edrych ar y rhaglen arddio bob wythnos. Ga' i 'ch llofnod chi ar y *menu*?'

'Wrth gwrs.' Arwyddodd Selwyn y fwydlen.

'Mae'r gwasanaeth yn dda iawn, Bethan,' meddai Haf. 'Os 'dach chi eisiau, anfona' i ffotograff o Selwyn wedi'i arwyddo i chi.'

'Diolch yn fawr, Miss, mi fasai hynny'n wych!' O hynny ymlaen roedd y gwasanaeth yn well fyth.

'Wyt ti eisiau cael gwared o Crad, 'te, Sel?' gofynnodd Dewi.

'Dim o gwbl,' meddai Selwyn. 'Bydd y feithrinfa blanhigion a Crad yn atyniad mawr i'r gwesty newydd. Ond fydd e ddim yn hoffi'r newidiadau.'

'Fydd o ddim yn hoffi'r newid yn y berthynas rhyngddo fo a chdi. Ti fydd seren y sioe ym Mhlas Llys-wen a fo fydd gwas yr ardd,' meddai Haf.

'Yn union. Os bydd "Popeth" yn cael ei thorri, chaiff e ddim llawer o ddewis. Tasai Crad yn penderfynu ymddeol byddai hynny'n gwneud pethau'n haws.'

'Byth,' meddai Haf. 'Dim gobaith caneri.'

Daeth y cogydd o'r gegin a throdd y cwsmeriaid i wylio tra oedd Huw'n mynd o gwmpas y byrddau. Roedd pawb eisiau siarad efo fo. O'r diwedd daeth Huw at eu bwrdd nhw.

'Wel, dwi wedi gorffen rŵan.' Estynnodd ei law. 'Sut 'dach chi Mr Rowlands.' Safodd Selwyn ac ysgydwodd law Huw. ' 'Dach chi'n nabod Haf a Dewi.'

'Helo, sut 'dach chi. 'Dach chi wedi mwynhau 'ch pryd bwyd?'

Gwenodd y ddau gan ddechrau canmol y pryd i'r cymylau. 'Dewch i'r bar, Mr Williams. Mi faswn i'n hoffi prynu diod i chi.' Cerddodd Selwyn at y bar. Cododd Huw ei aeliau a'i ysgwyddau. 'Be mae o eisiau?' sibrydodd wrth Haf a Dewi.

'Dydy o ddim yn gwybod dim byd,' sibrydodd Dewi yn gyflym.

Aeth Huw at Selwyn i'r bar. Roedd pawb arall yn y tŷ bwyta yn paratoi i adael.

'Wel,' meddai Haf. 'Am syrpreis! Be wyt ti'n feddwl o gynlluniau Sel, Dewi?'

'Lwc dda iddo fo, ddyweda' i. Dyna pam mae Selwyn wedi dygymod â Crad mor hir, felly.'

'Mae llawer o bethau yn gwneud synnwyr rŵan. Wyt ti'n gwybod pam mae o eisiau cyfarfod â Huw?'

'Pam?'

'Mae o'n ceisio ei demtio fo i symud i'r Plas.'

'Wyt ti'n meddwl?'

'Dwi'n siŵr.' Daeth chwerthin o'r bar.

'Mae'n swnio fel tasan nhw'n dod ymlaen yn iawn.'

'Dwi wedi blino. Gobeithio fyddan nhw ddim yn hir.'

'Dydy'r noson ddim ar ben eto, Dewi. 'Ddylen ni ddweud wrth Sel am raglen Huw?'

'Mae'n debyg dylen ni. Brysia wir Sel, dwi eisiau mynd adra.'

Trodd Haf at y bar. 'Dewi, wyt ti wedi sylwi ar rywbeth rhyfedd?'

'Be?'

'Mae Selwyn a Huw yn edrych yn ofnadwy o debyg i'w gilydd.'

'Ella dy fod ti wedi cael gormod o win Haf. Mae Sel yn oleuach na Huw ac mae Huw yn fyrrach na Sel o dipyn. Mae locsyn gan Huw, maen nhw'n hollol wahanol.'

'Ond eu llygaid nhw — mae gynnon nhw'r un llygaid.'

'Mae llygaid brown gan hanner pobl Cymru.'

'Mae locsyn gan Crad hefyd. Tybed? . . . '

'Paid â siarad lol Haf. Fedrith unrhyw un dyfu locsyn! Tyrd 'mlaen, ti wedi cyfarfod Mrs Williams — dydy hi ddim yn edrych fel teip Crad. Beth bynnag, mae Huw a Sel yr un oed. Cymer goffi du wir!'

'Mae'n siŵr dy fod ti'n iawn, ond mi fasai hynny'n ddoniol, yn basa?'

'Dwyt ti ddim yn gall!'

Daeth Selwyn yn ôl at y bwrdd. Dywedodd Huw nos da wrth bawb.

'Wela' i chi bore dydd Sul, 'te, Huw,' meddai Selwyn.

Geiriau newydd

aeliau — *eyebrows*
atyniad — *attraction*
bwydlen — *menu*
byrrach — *shorter*
canmol i'r cymylau — *to sing (its) praises*
dygymod â — *to put up with*
gobaith caneri — *no hope (id.)*
gwneud synnwyr — *to make sense*
locsyn — *beard*
llofnod — *signature, autograph*
perthynas — *relation(ship)*
petruso — *to hesitate*
sibrwd — *whisper*
ymddeol — *to retire*

Pennod 13

Ar y ffordd i'r gwesty, gofynnodd Haf i Sel, 'Be wyt ti'n feddwl o Huw 'te?'

'Grêt. Mae e'n ddiddorol iawn.'

'Am beth oeddech chi'n siarad?'

'Am gefndir Huw gan mwyaf. Roedd e'n arfer byw yn Awstralia pan oedd e'n blentyn ifanc iawn. Ei fam e ydy prifathrawes yr ysgol yn Afon-las ac mae hi'n arddwraig frwd. Mi wnawn ni ei chyfarfod hi yfory.'

'Be am ei dad?'

'Haf!' cyfarthodd Dewi o sedd gefn y car.

'Roedd e wedi marw cyn i Huw gael ei eni. Morwr oedd e, a buodd e farw ar y môr. Cafodd ei gladdu yn y môr hefyd.'

'Dyna ryfedd.'

'Dim o gwbl. Mae morwyr yn ofergoelus iawn. Dydyn nhw ddim yn hoffi cario corff mewn cwch, mae'n anlwcus.'

'O! dwi'n gweld,' meddai Haf, yn siomedig.

Ym mar y gwesty mynnodd Sel bod Haf a Dewi yn cymryd brandi efo fo. Daeth Haf yn syth at y pwynt.

'Wnest ti ofyn iddo fo 'te, Sel?'

'Gofyn i bwy, gofyn be?'

'Os byddai Huw'n dod i'r Plas.'

Chwarddodd Selwyn. 'Hogan glyfar, Haf, ond dim ond newydd gyfarfod y dyn ydw i!'

'Ond wyt ti'n mynd i ofyn iddo fo?'

'Efallai. Nawr 'te, beth am eich cynlluniau chi.'

'Mi wneith Haf ddweud wrthot ti. Mae'n ddrwg gen i, Sel, dwi am fynd i 'ngwely. Nos da bobl.' Gadawodd Dewi'r ddau gyda'i gilydd.

Soniodd Haf am eu cynlluniau nhw am gyfres goginio efo Huw. Awgrymodd Selwyn y byddai Plas Llys-wen yn lle perffaith ar gyfer ffilmio'r gyfres. Agorodd Haf ei cheg yn gysglyd. 'Mae'n rhaid i minnau fynd i'r gwely hefyd Sel.'

'Efallai cawn ni siarad am "Bywyd Crad" yfory,' meddai Selwyn.

' "Bywyd Crad?" Be am "Fywyd Crad"?' Ceisiodd Haf edrych yn syn.

'Rydw i'n siŵr eich bod chi'n bwriadu defnyddio "Bywyd Crad" i gael gwared o Crad, neu i'w fygwth e.'

'Am syniad! Wel, gawn ni weld. Gobeithio na fyddwn ni byth yn gorfod defnyddio 'Bywyd Crad'. Nos da, Sel. A gyda llaw, dwi wedi gwneud camgymeriad.'

'Pa fath o gamgymeriad?'

'Dwyt ti ddim yn sant o gwbl. Croeso i'r clwb!'

Geiriau newydd

agor y geg — *to yawn*
bygwth — *to threaten (blackmail)*
cefndir — *background*
claddu — *to bury*
corff — *body*
cysglyd — *sleepy*
gyda llaw — *by the way (id.)*
morwr — *sailor*
mynnu — *to insist*
ofergoelus — *superstitious*

Pennod 14

Drannoeth, ben bore, aeth Haf i chwilio am le addas i ddechrau ffilmio. Aeth Selwyn gyda Bob Roberts a chadeirydd y cyngor lleol i edrych ar erddi.

Daeth Haf yn ôl i'r gwesty am hanner awr wedi naw.

'Dwi'n siŵr bydd Sel yn hoffi gardd yr ysgol. Beth am i ni ddechrau yno,' awgrymodd hi wrth Dewi.

Roedd gardd y plant yn ymyl y nant ger yr ysgol wedi gwneud argraff fawr ar Selwyn. Roedd llawer o blant a'u rhieni wedi dod i weld Selwyn a'r camerâu teledu. Cafodd Selwyn gyfle i gyfarfod ag Ann Williams, ond pan oedd Dewi a Dafydd yn barod i ddechrau saethu, diflannodd Ann i mewn i'r ysgol.

'Dos i nôl Mrs Williams os gweli di'n dda, Haf,' gwaeddodd Dewi.

Aeth Haf i mewn i'r ysgol a dod o hyd i Ann yn ei swyddfa.

' 'Dan ni 'ch eisiau chi ar gyfer y ffilmio, Mrs Williams. Wnewch chi ddod allan efo fi os gwelwch chi'n dda?'

'Wna' i ddim, diolch yn fawr, Haf. Dwi ddim eisiau bod ar y teledu.'

'Ond pam?' Edrychodd Haf mewn penbleth. Fel arfer roedd pawb bron â marw eisiau bod ar y teledu.

'Y plant biau'r ardd. Nhw ddylai siarad efo Mr Rowlands. Os 'dach chi eisiau, mi wna' i ddewis un neu ddau ohonyn nhw sy'n medru ateb cwestiynau ynglŷn â garddio.'

Ceisiodd Haf berswadio Ann i newid ei meddwl, ond gwrthododd Ann ymddangos ar y teledu. Rhoddodd Haf y ffidl yn y to. Roedden nhw'n gwastraffu amser.

'Iawn, Mrs Williams. Wnewch chi ddewis y plant 'te?'

'Mae'n rhaid i chi addo na fydd y camera'n gweithio pan ddo' i allan.'

Aeth Haf yn ôl i siarad gyda Dewi.

'Dwi'n meddwl ei bod hi'n wraig reit od,' meddai Dewi. 'Roedd hi'n ymddangos yn hollol normal ddoe. Iawn, tyrd â hi allan.' Dywedodd Dewi wrth Selwyn beth oedd wedi digwydd.

'Does dim ots gyda fi,' meddai Selwyn. 'Dwi'n well na Dad gyda phlant.'

'Pwy sy' ddim!' meddai Dewi.

Ar ôl gorffen, trafododd Selwyn a Dewi pa erddi i'w ffilmio yn y pentre.

'Ar y rhestr mae enw Mrs Williams gyferbyn â Phen-y-bryn,' meddai Dewi. 'Yr un Mrs Williams ydy hi, ein prifathrawes anfoddog ni?'

'Ie, dwi'n meddwl. Dwi'n siŵr fod Bob wedi sôn bod ysgrifenyddes y Clwb Garddio yn byw yno.'

Unwaith eto gwrthododd Ann fynd o flaen y camera.

'Mae Bob yn adnabod fy ngardd yn iawn. Mae o'n medru siarad am bopeth sydd ynddi. Yr ardd ydi'r peth pwysicaf, nid yr arddwraig. Mae'n ddrwg gen i fy mod i'n anodd, ond mae arna' i ofn nad ydw i wir ddim yn hoffi camerâu. Mi ddo' i efo chi, dim ond os ca' i aros yn y tŷ.' Roedd rhaid i Dewi dderbyn penderfyniad Ann.

Roedd Bob yn flin.

'Dwi ddim yn deall be sy'n bod arnoch chi Ann. Dwi erioed wedi eich gweld chi fel hyn.'

'Mae'n ddrwg gen i Bob, ond dwi erioed wedi bod yn y sefyllfa 'ma o'r blaen.'

Arhosodd Ann yn y tŷ tra oedden nhw'n ffilmio yn yr ardd. Tynnodd gacennau cri a bara brith o'r cwpwrdd a gwnaeth de i bawb. Roedd hi wedi meddwl ei bod hi'n ddiogel pan glywodd hi mai Selwyn oedd yn dod, nid Crad. Doedd hi ddim yn disgwyl y broblem yma. Fedrai hi ddim ymddangos ar y teledu. Beth os basai Crad yn ei hadnabod hi? Mi fasai hynny'n sioc fawr iddo fo. Ac wedyn ella basa fo'n dod i wybod am Huw. Roedd yn rhaid iddi hi amddiffyn Huw rhag Crad. Roedd hi wedi gwneud ffŵl ohoni hi ei hun o flaen ei ffrindiau a'r dieithriaid yma i gyd — dylai hi fod wedi mynd i ffwrdd.

Geiriau newydd

adnabod — *to recognise*
addas — *suitable*
addo — *to promise*
amddiffyn — *to protect*
anfoddog — *unwilling, reluctant*
argraff — *impression*
ben bore — *early morning*
bron â marw — *desperate (id.)*
cacennau cri — *Welsh cakes*
diflannu — *to disappear*
diogelu — *to protect*
dieithriaid — *strangers*
gwastraffu — *to waste*
gwrthod — *to refuse*
mewn penbleth — *perplexed*
rhoi'r ffidl yn y to — *to give up (id.)*
sefyllfa — *situation*
ymddangos — *to appear*

Pennod 15

'Wyt ti eisiau help llaw?' Roedd Iola wrth ddrws y gegin eto. 'Mae'r bwyd yn edrych yn dda.' Cogyddes wael oedd Iola.

'Helo, Iola, sut wyt ti? Dyma'r menyn, faset ti'n hoffi ei daenu o ar y cacennau cri?'

'Wrth gwrs. Mae'n gyffrous, yntydi, cael criw teledu yn dy ardd? Wyt ti wedi cyfarfod Selwyn Rowlands?'

'Do.'

'Ydi o'n glên? Ga' i sbïo drwy'r ffenest?' Brysiodd hi i'r ystafell ffrynt, a daeth yn ôl yn gyflym.

'O! mae o'n bishyn, yn union fel ei dad. Dwi'n ffansïo Crad Rowlands yn ofnadwy.'

Buodd bron i Ann ollwng y tebot.

'Paid â bod yn wirion, Iola. Actia dy oed!'

'Ti'n siarad fel hen brifathrawes, Ann. Beth bynnag, pam nad wyt ti yn cael dy ffilmio? Dy ardd di ydi hi.'

'Mae gen i gameraffobia.'

'Cameraffobia! Be ydy hwnnw?'

'Mae'n gas gen i gamerâu!'

'O! Dyna pam 'sgen ti ddim ffotograffau ohonot ti dy hun yn y tŷ.'

' 'Na fo. Dyma Haf — dwi'n meddwl eu bod nhw wedi gorffen. Ydy'r cacennau cri yn barod?'

Roedd Iola wrth ei bodd yn helpu efo'r te. Fflyrtiodd efo Dewi a Selwyn fel merch ifanc.

'Bihafia, Iola,' meddai Ann yn y gegin. 'Maen nhw'n ddigon ifanc i fod yn feibion i ti.'

'Dwi angen yr ymarfer!' giglodd Iola.

Cyn iddo fo fynd, cafodd Selwyn air bach efo Ann.

'Os aiff y pentre drwodd i'r rownd nesaf, Mrs Williams, efallai gallwch chi wneud rhywbeth gyda gardd eich cymdoges. Mae fy nhad yn casáu corachod gardd!'

O leiaf, meddyliodd Ann, doedd Iola ddim wedi sylwi bod Selwyn yn edrych fel Huw. Ella na fyddai neb yn sylwi. O'r diwedd aeth pawb i ffwrdd, gan gynnwys Iola efo gweddill y cacennau cri. Eisteddodd Ann yn ei chadair freichiau yn teimlo'n flinedig. Beth oedd hi wedi'i wneud i haeddu hyn? Roedd hi wedi dod i gredu ei chelwyddau ei hun. Pam roedd popeth yn dal i fyny efo hi rŵan? Roedd un peth yn siŵr, tasai'r pentre'n ennill y rownd yma, doedd hi ddim yn mynd i fod o gwmpas ar gyfer y rownd nesaf!

Geiriau newydd

celwydd — *lie*
cyffrous — *exciting*
gan gynnwys — *including*
gollwng — *to drop*
gwael — *poor (weak)*
help llaw — *a helping hand (id.)*
pishyn — *attractive man*
taenu — *to spread*

Pennod 16

Rai dyddiau wedyn, dychwelodd Selwyn gartre. Roedd Isabel mewn panig.

'Be sy'n bod, Mam?'

'Sel, mae rhywbeth ofnadwy wedi digwydd.'

'Gyda Dad?'

'Ie. Sel — mae e'n gwybod.' Dechreuodd Isabel grio.

'Eistedda, Mam. Paid â chynhyrfu. Beth mae e'n wybod?'

'Am dy gynlluniau — am y gwesty — popeth.'

'Alla' i ddim credu hynny. Sut?'

'Y dyn dwl yna o'r Cyngor ddaeth yma ddoe i dy weld ti. Doeddwn i ddim adre, a siaradodd e gyda Crad. Roedd e'n meddwl bod Crad yn gwybod am y peth. Aeth Crad yn wyllt. Mae e'n bygwth dy ladd di. Dylwn i fod wedi bod yma.'

'Dwyt ti ddim ar fai, Mam.' Gafaelodd Selwyn yn llaw Isabel. 'Ble mae Crad nawr?'

'Rhywle o gwmpas y lle 'ma, yn yr ardd yn fwy na thebyg, neu yn y Tŷ Cloc. Wn i ddim.' Safodd Selwyn ar ei draed.'Cymer ofal Sel, efallai bydd e wedi meddwi . . . '

'Mi fydd e, dwi'n siŵr. Paid â phoeni, Mam, fe fydda' i'n ofalus.'

Canodd y ffôn fel roedd Selwyn yn camu tuag at y drws. Haf oedd yno.

'Selwyn! Wyt ti wedi clywed? Dwi newydd gyrraedd y swyddfa. Mae Emyr mewn panig ofnadwy. Mae Crad yn gwybod am y gwesty.'

'Ydi, rwy'n gwybod, Haf, mae Mam wedi dweud wrtha' i. Pam mae Emyr mewn panig?'

'Mae Crad yn mynnu bod Emyr yn cael gwared ohonot ti. Mae o'n gwrthod gweithio efo ti ar y rhaglen.'

'Dyna'r lleia o fy mhroblemau i.'

'Wel, dyna broblem fwyaf Em ar hyn o bryd. Be wnei di?'

'Mae'n rhaid i mi weld Crad a cheisio siarad gydag e.'

'Mae'n debyg dy fod ti'n gwybod ei fod o'n bygwth dy ladd di.'

'Ydw. Wnaiff e ddim. Fydd e ddim yn mo'yn treulio gweddill ei fywyd mewn carchar. Mae e'n rhy hoff o awyr iach. Beth bynnag ddigwyddith iddo fe, amdano'i hunan bydd e'n meddwl gyntaf. Haf?'

'Ie?'

'Beth am y ffilm "Bywyd Crad"? Mae hi'n cael ei defnyddio i ddangos Crad ar ei waetha, on'd yw hi?'

'Ydy. Mae'n ddrwg gen i Sel. Mi ddylwn i fod wedi dweud wrthot ti.'

'Does dim ots. Faint o ddeunydd sydd gyda ti?'

'Digon. Mae'r ffilm yn dechrau efo Crad yn cicio'r cŵn ac wedyn yn rhedeg dros dy droed di efo'r pic-yp.'

'Iawn. Fe ddof i'r swyddfa i weld y ffilm. Dwi'n gorfod gweld Emyr, beth bynnag. Bore fory, efallai?'

'Dwi'n meddwl bod Emyr yn rhydd bore fory. Mi wna' i drefnu popeth.'

'Diolch, Haf, ti'n gariad.'

'At eich gwasanaeth, syr. Diolch i ti hefyd Sel.'

'Hwyl, 'te, wela' i ti bore fory. Dwi'n mynd i chwilio

am Crad nawr.'

Daeth Selwyn o hyd i Crad yn y sied werdd. Roedd o wedi meddwi. Roedd Crad bob amser yn cadw cyflenwad da o wisgi a rwm yn ei sied. Doedd Selwyn erioed wedi gweld Crad mor wyllt. Ceisiodd Crad ymosod ar Selwyn gyda fforch arddio, ond roedd o'n rhy feddw i symud yn gyflym a llwyddodd Selwyn i dynnu'r fforch oddi arno. Roedd Crad fel draig gyda cheg yn llawn o betrol yn chwilio am dân. Doedd Selwyn ddim yn gwybod bod cymaint o regfeydd yn yr iaith. Doedd 'na ddim pwynt ceisio siarad efo fo. Pan ddechreuodd Crad daflu poteli, aeth Selwyn allan, gan adael Crad ar ei ben ei hun yn rhegi a gweiddi.

Geiriau newydd

awyr iach — *fresh air*
carchar — *prison*
cyflenwad — *supply*
deunydd — *material*
llwyddo — *to succeed*
rhegfeydd — *curses*
taflu — *to throw*
tuag at — *towards*

Pennod 17

Pan welodd Selwyn dâp 'Bywyd Crad' gofynnodd i Haf beidio â'i ddefnyddio.

'Efallai bydd 'na amser pan fydd 'na fwy o'i angen arnon ni na nawr. Mae'n bosib bydd Crad yn mynd yn waeth,' meddai.

Gwrthododd Emyr gael gwared o Selwyn a gwrthododd Crad weithio efo fo. Doedd hi ddim yn bosib i'r ddau fod ar y sgrîn gyda'i gilydd. Cafodd Selwyn ran fach yn siarad am lysiau bob wythnos, ond roedd Crad mor anodd, gadawodd Selwyn y rhaglen ar ôl ychydig wythnosau.

Yn ei raglen olaf dywedodd Selwyn wrth y gwylwyr ei fod o'n mynd ar ei wyliau. Dymunodd bob lwc i'r pentrefi ym mhrawf terfynol y gystadleuaeth. Roedd Crad yn falch o weld Selwyn yn mynd wrth gwrs — roedd o'n meddwl ei fod o wedi ennill y frwydr. Aeth nifer y gwylwyr i lawr ac i lawr bob wythnos. Roedd Emyr yn gweddïo bod prawf terfynol y gystadleuaeth yn mynd i achub y sioe.

Erbyn hyn roedd Selwyn yn brysur iawn efo'r adeiladwyr ym Mhlas Llys-wen, allan o olwg y camerâu yn yr ardd. Rhoddodd Huw ei dŷ bwyta ar y farchnad ac roedd o'n gobeithio ei werthu cyn yr hydref.

Gweithiodd Haf, Dewi a Dafydd, a'r griw camera i orffen rhaglen Huw. Anfonon nhw'r ffilm i'r rhai 'i fyny'r grisiau', gan ofyn iddyn nhw beidio â sôn amdani wrth Crad ac Emyr. Roedd y bobl bwysig yma wedi arfer cadw cyfrinachau. Dyna sut roedd rhai ohonyn nhw wedi cyrraedd pen y grisiau yn y lle cyntaf!

Enillodd pentre Afon-las le yn y prawf terfynol. Roedd Haf yn brysur yn gwneud rhestr o bethau clodwiw i Crad eu gwneud yn ardal Afon-las ond doedd o ddim yn hapus, ac mi gawson nhw ffrae fawr. Yn y diwedd cytunodd Crad i wneud dau beth yn unig — mynd i gartref plant anabl a hospis lleol i agor gerddi newydd yn y ddau le.

Pan gafodd ddyddiad ymweliad Crad ag Afon-las ei gyhoeddi, gwnaeth Ann gynlluniau'n syth i fynd i ffwrdd am y penwythnos. Roedd Iola'n gynhyrfus iawn. 'Dwi'n mynd i gyfarfod Crad Rowlands. Mae o'n dod i'n cartref plant ni i agor gardd newydd — meddylia!'

Fel roedd y diwrnod yn agosáu, gweithiodd Ann yn galed i gael popeth yn ei gardd hi'n berffaith. Ceisiodd helpu Iola ond roedd hi'n amhosibl cuddio'r corachod.

Roedd Bob yn flin bod Ann yn mynd i ffwrdd. Roedd o'n mynnu dweud yr un peth drosodd a throsodd: 'Dwi ddim yn gwybod be sy'n bod arnoch chi, Ann. 'Dach chi wedi bod yn erbyn y gystadleuaeth o'r dechrau!'

'Dim o gwbl, Bob,' meddai hi gan geisio ymddangos yn gyfeillgar. 'Roeddwn i wedi gwneud trefniadau ar gyfer y penwythnos ers talwm, dwi ddim eisiau siomi fy ffrindiau — dwi ddim wedi eu gweld nhw ers blynyddoedd.'

Y noson cyn i Crad gyrraedd, fedrai Ann ddim cysgu. Roedd Huw wedi gofyn iddi hi gasglu madarch *chanterelle* y diwrnod hwnnw. Fel arfer bydden nhw'n ymddangos ben bore, a dim ond Ann a Huw oedd yn gwybod lle'r oedden nhw'n tyfu. Cododd hi i wneud paned. Wrth edrych trwy'r ffenest ar y corachod hyll yn yr ardd drws nesa cafodd syniad. Edrychodd ar y cymylau'n dawnsio o gwmpas y lleuad. Doedd 'na ddim llawer o olau.

Gwisgodd Ann yn gyflym a dechrau ar y gwaith. Symudodd y corachod bob yn un a'u rhoi nhw yng nghist ei char. Doedd yna ddim digon o le iddyn nhw i gyd, felly rhoddodd hi'r lleill ar y sedd gefn a thaflu blanced drostyn nhw.

Erbyn iddi hi wawrio, roedd Ann yn gyrru i'r goedwig i gasglu madarch. Gwelodd hi fath arall o fadarch gerllaw'r madarch *chanterelle* ond chafodd hi ddim amser i edrych arnyn nhw'n iawn. Aeth hi yn syth at *Y Madarch Gwyllt*. Rhoddodd hi'r madarch a'r corachod yn y stôr lysiau, a gadawodd hi nodyn i Huw — 'Dwi wedi dwyn corachod Iola! Paid â dweud wrth neb. Wela' i ti ddydd Llun efo mwy o *chanterelles*.'

Dychwelodd Ann gartre. Cafodd frecwast a rhoddodd ei bag dillad yn y car. Fel roedd hi yn mynd i gloi'r ffenestri rhuthrodd Iola drwy ddrws y cefn.

'Ann, tyrd efo fi, mae fy nghorachod i wedi mynd!'

'Be? Diar mi.' Brysiodd Ann at y ffenest.

'Lle maen nhw?'

'Mae'n rhaid bod rhywun wedi eu dwyn nhw.'

'Pwy fasai'n gwneud y fath beth? Am ofnadwy, Iola.'

'Be ddylwn i ei wneud? Wyt ti'n meddwl bod rhywun wedi eu dwyn nhw go iawn — neu jyst rhywun yn chwarae triciau?'

'Wel, ti'n gwybod sut mae plant y dyddiau yma . . . Paid â phoeni, mae dy ardd di'n edrych yn dda hyd yn oed heb y corachod. Bydd popeth yn iawn. Mae'n ddrwg gen i Iola, dwi'n hwyr iawn yn barod, mae'n rhaid i mi fynd.'

'Mwynha'r penwythnos, Ann.'

'A thithau, Iola, bihafia dy hun!'

Geiriau newydd

agosáu — *to approach, come nearer*
casglu — *to collect*
cist y car — *car boot*
clodwiw — *worthy*
cuddio — *to hide*
cyfrinach — *secret*
dwyn — *to steal*
dymuno — *to wish*
gwawrio — *to dawn*
gweddïo — *to pray*
hyll — *ugly*
siomi — *to disappoint*
tyfu — *to grow*
ymweliad — *visit*

Pennod 18

Cyrhaeddodd Ann gartre ar y nos Sul yn teimlo'n falch ohoni'i hun. Roedd hi wedi cael amser i ymlacio efo ei ffrindiau ac roedd hi wedi llwyddo i osgoi Crad ar yr un pryd. Medrai bywyd fynd yn ei flaen fel arfer nawr. Ffôniodd Huw i ofyn a oedd o eisiau madarch yn y bore.

Cyn bo hir cyrhaeddodd Iola ddrws y gegin.

'Mi welais i dy olau di ymlaen, Ann. Wyt ti wedi cael amser da?'

'Ardderchog, Iola, diolch yn fawr. Sut aeth y gystadleuaeth?'

'Gwych, a be wyt ti'n feddwl o hyn?'

'Be?'

'Mi wnes i gyfarfod â Crad Rowlands, ac roedd o'n wych.'

'Do wir? Dyna bechod ei fod o wedi mynd rŵan 'te.' Doedd Ann ddim eisiau clywed dim byd arall. Roedd Iola'n neidio i fyny ac i lawr fel plentyn ysgol.

'Na, na, Ann. Dyna'r peth. Mae Crad yn aros yma am ychydig ddyddiau, am seibiant bach. Ac mae o'n dod draw am ginio nos fory.'

'I dy dŷ di?' Fedrai Ann ddim credu'r peth.

'Ie. Wyt ti eisiau ei gyfarfod o? Mae croeso i ti bicio i mewn am ddiod cyn cinio os wyt ti eisiau.' Teimlodd Ann ei chalon yn suddo i'w hesgidiau.

'Dim diolch, Iola. Dwi newydd drefnu i weld Huw nos fory. Nos Lun ydi'r unig noson dydy o ddim yn gweithio.' Roedd Iola yn dal i glebran. 'Chlywodd Ann mohoni. Dywedodd ei bod hi wedi blino ac o'r diwedd gadawodd Iola. Roedd Ann yn teimlo'n ddig iawn.

Drannoeth cododd Ann yn gynnar i gasglu'r madarch. Casglodd hi ddwy fasgedaid, gan gynnwys y math newydd. Roedden nhw'n edrych yn wyn ac yn iachus, ond bod eu siap nhw'n od, fel het corrach. Byddai Huw yn gwybod pa fath oedden nhw. Cofiodd Ann am gorachod Iola. Roedd hi'n gobeithio nad oedd Huw wedi cael ei arestio fel lleidr corachod! Ar ôl mynd adre, gorchuddiodd hi'r basgedi efo clwt gwlyb, ac aeth i'r ysgol.

Roedd Ann wedi edrych ymlaen at gael noson dawel efo Huw. Roedd o'n bles iawn efo'r *chanterelles*, ond dywedodd o mai *ink cap* oedd y math arall.

'Taflais i'r rheiny i ffwrdd i gyd,' meddai Huw.

'Pam? Ydyn nhw'n wenwynig, 'te?' gofynnodd Ann.

'Nac ydyn, ond dydyn nhw'n dda i ddim i mi. Mi fasech chi'n medru bod yn sâl iawn tasech chi'n yfed alcohol efo'r madarch yna. Mae fy nghwsmeriaid i'n hoffi potelaid o win efo'u bwyd a dwi eisiau cadw fy enw da on'd oes?'

Yn anffodus, doedd 'na ddim dianc rhag Crad.

'Roedd Haf a Dewi yma efo criw ffilmio dros y penwythnos. Roedden nhw'n siarad am ffilm maen nhw wedi'i wneud o'r enw "Bywyd Crad". Mae'r ffilm yn dangos Crad Rowlands mewn golau drwg iawn.'

Roedd Ann eisiau sgrechian, 'Pam mae pawb yn sôn am Crad Rowlands bob munud? Dwi ddim eisiau gwybod am Crad Rowlands. Dydy Crad Rowlands yn neb . . .' ond gadawodd i Huw fynd ymlaen.

'Mae'n debyg pan oedd o yn y cartref plant, lle mae Iola yn helpu, mi alwodd o'r matron yn hen fuwch dew, ac mi regodd o ar blentyn mewn cadair olwyn, a phinsio pen-ôl Iola. Mae popeth ar y ffilm.'

'Dwi ddim yn meddwl bod Iola'n meindio, rhywsut. Mae Crad Rowlands yn dal i fod yn yr ardal, ac mae o'n cael swper efo Iola heno.' Ceisiodd Ann newid y sgwrs. 'Wel, sut mae dy gynlluniau di efo Selwyn yn dod yn eu blaen?'

'Mi fydd y gwesty'n barod erbyn yr hydref gobeithio. Dwi'n meddwl fy mod i wedi cael prynwr i'r tŷ bwyta — dwy ferch sy'n edrych yn awyddus iawn. Mae Selwyn a fi yn meddwl mynd i Ffrainc i weld fy hen fòs. Mae 'na gogydd ifanc efo Henri sy' eisiau gweithio efo fi. Dwi am fynd i weld ei waith o a chael gwyliau bach ar yr un pryd.'

'Mae'n rhaid i minnau feddwl am gymryd gwyliau.'

'Pam na ddoi di efo ni? Dwi'n siŵr basai Henri yn falch iawn o dy weld ti eto. Rwyt ti'n hoffi Normandi.'

'Diolch yn fawr, Huw. Mi wna' i feddwl am y peth.'

Aeth Ann adre gan osgoi edrych ar dŷ Iola. Fedrai hi ddim cysgu a chododd i wneud paned. Yn y lolfa dywyll, edrychodd hi drwy'r ffenest. Roedd hi'n un o'r gloch y bore ac roedd 'na olau yn dal i fod yn nhŷ Iola. Roedd y llenni ar agor. Fedrai Ann ddim peidio â mynd i chwilio am ei sbienddrych. Gwelodd Crad yn gorwedd ar y soffa'n cysgu, ond doedd 'na ddim golwg o Iola. Trodd hi'r sbienddrych o gwmpas yr ystafell a gwelodd goes Iola ar y llawr, hanner ffordd drwy'r drws. Beth oedd yn digwydd? Roedd 'na blatiau budr a gwydrau ar y bwrdd. Roedd Ann yn siŵr bod 'na rhywbeth mawr o'i le.

Gwisgodd yn gyflym. Edrychodd hi drwy'r

sbienddrych eto. Doedd ddim byd wedi newid. Aeth draw i dŷ Iola, ac edrychodd eto drwy'r ffenest. Er bod llygaid Crad ar agor, roedd o'n edrych yn anymwybodol, ac roedd Iola yn dal i fod ar y llawr wrth y drws. Yn dawel agorodd hi'r drws cefn a chripian i mewn i'r gegin. Roedd Iola'n gorwedd yn y cyntedd rhwng y gegin a'r ystafell fwyta, yn anymwybodol efo ei phen mewn pwll o gyfog. Estynnodd Ann am y ffôn, gan obeithio na fyddai Crad yn dod ato'i hun. Pan atebodd rhif 999, gofynnodd hi am ambiwlans a rhoi cyfeiriad Iola.

Cyrhaeddodd yr ambiwlans yn gyflym. Aeth Ann i'r ystafell fwyta tra oedd Crad yn cael ei gario allan. Doedd Crad ddim yn symud. Ar y bwrdd roedd 'na ddau blât. Roedd 'na fwyd yn dal i fod ar y platiau. Roedden nhw wedi cael madarch i swper.

Geiriau newydd

anymwybodol — *unconscious*
basgedaid — *basketful*
clebran — *to chatter*
cyfog — *vomit*
cyntedd — *hall*
dod ato'i hun — *to come round*
gorchuddio — *to cover*
gwenwynig — *poisonous*
llenni — *curtains*
picio i mewn — *to pop in*
sbienddrych — *binoculars*
seibiant — *break*
suddo — *to sink*

Pennod 19

Am wyth o'r gloch y bore ffôniodd Ann yr ysbyty yn gynta, ac wedyn ffôniodd ei dirprwy.

'Mi fydda' i'n hwyr bore 'ma, Nansi. Mae fy nghymdoges, Iola yn yr ysbyty. Dwi am bicio i mewn i'w gweld hi cyn i mi ddod i'r ysgol. Fedrwch chi gadw llygad ar bethau am ychydig, os gwelwch yn dda?'

Aeth hi i'r tŷ drws nesa a phaciodd hi ddillad nos a phethau ymolchi Iola. Roedd 'na lanast ofnadwy ym mhob man. Cliriodd y llestri a glanhau'r carped yn y cyntedd.

Erbyn naw o'r gloch, roedd hi'n eistedd wrth wely Iola. Roedd Iola yn diodde o wenwyn bwyd, ac roedd hi wedi cael pwmpio ei stumog. Roedd hi'n wan iawn, ac yn gysglyd.

'Wna' i ddim aros yn hir, Iola fach, dwi jyst eisiau bod yn siŵr dy fod ti'n iawn.'

'Dwi'n teimlo'n ofnadwy, Ann. Mae'n ddrwg gen i am ddwyn dy fadarch di. Doedd Crad ddim yn eu hoffi nhw beth bynnag. Do'n i ddim yn rhy hoff o Crad chwaith ar ôl awr neu ddwy o'i gwmni fo.'

'Dydy hynna ddim yn bwysig. Y peth pwysica ydy dy fod ti'n iawn. Ar ôl ysgol y pnawn 'ma mi wna' i dacluso 'chydig ar y tŷ. Am faint wyt ti'n gorfod aros yn yr ysbyty?'

'Dim ond am ddiwrnod neu ddau. Dwi'n teimlo'n

ofnadwy ynglŷn â Crad hefyd. Wyt ti'n gwybod sut mae o?'

'Dim syniad. Ella bod y nyrs yn gwybod.'

'Wnei di roi neges iddo fo, Ann?'

Byth, meddyliodd Ann, ond dywedodd, 'Mi wna' i drïo.'

Ysgrifennodd Iola nodyn bach a gofyn i'r nyrs ddweud wrth Ann lle'r oedd Crad. Bu'n rhaid i Ann addo mynd â'r nodyn draw'n syth.

Aeth hi i ward y dynion, er nad oedd hi ddim yn bwriadu mynd i weld Crad o gwbl. Byddai hi'n rhoi'r neges i'r nyrs ar y ward. Aeth i swyddfa'r ward, lle'r oedd y staff-nyrs yn eistedd wrth ei desg.

'Nyrs,' meddai hi. 'Ga' i ofyn i chi roi neges i Mr Rowlands oddi wrth Mrs Hughes.'

Cododd y nyrs ei phen. 'Mrs Williams! Sut 'dach chi?' Meinir Thomas, hen ddisgybl i Ann oedd y nyrs.

'Meinir! Sut wyt ti? Ers pryd wyt ti wedi dod adra? Ro'n i'n meddwl dy fod ti'n gweithio yn Lerpwl.'

Roedd Meinir wedi bod yn un siaradus erioed, a chlywodd Ann ei hanes i gyd dros y blynyddoedd. Dechreuodd Meinir holi am Huw, ond sylwodd Ann ar yr amser.

'Wel, mae'n rhaid i mi fynd yn ôl i'r ysgol rŵan, Meinir. Wnei di roi'r nodyn 'ma oddi wrth Mrs Hughes i Mr Rowlands os gweli di'n dda?'

'Mi wna' i, ond os 'dach chi eisiau, mi fedrwch chi roi'r neges iddo fo eich hun, mae o mewn ystafell ochr fan hyn.'

Roedden nhw'n cerdded ar hyd y coridor. 'Dim diolch, Meinir, does gen i ddim amser, a dwi ddim yn ei nabod o beth bynnag.'

'Wel mae o'n glaf anodd, ond mi fydd rhaid iddo fo

aros efo ni am dipyn go lew o amser.'

'Be sy'n bod arno fo?'

Edrychodd Meinir dros ei hysgwydd. Sibrydodd, 'Ddylwn i ddim dweud, ond, wnaeth o ddim cael yr un gwenwyn bwyd â Mrs Hughes. Mae o wedi cael rhywbeth 'dan ni'n ei alw'n *transient ischaemic attack*, math o strôc fach.'

'Paid â phoeni, Meinir, wna' i ddim dweud wrth neb. Ydy ei deulu o'n dod i fyny?'

'Mae ei fab o'n dod, dwi'n meddwl.'

'Wel, mi a' i rŵan, Meinir, neis dy weld ti, a phob lwc yn y swydd.'

Yn sydyn, agorodd drws yr ystafell tu ôl i Meinir. Cerddodd Crad allan yn gweiddi: 'Nyrs! Dwi eisiau mynd o 'ma. Does 'na ddim byd i'w yfed yn y lle 'ma.'

Sylwodd Crad ar Ann ar unwaith. 'Angh . . . angh . . . angh . . . ' Syrthiodd ei geg ar agor.

'Ta ta rŵan, Meinir,' meddai Ann yn frysiog. Rhuthrodd ar hyd y coridor — yn wahanol iawn i'r hen brifathrawes roedd Meinir yn arfer ei nabod.

Geiriau newydd

claf — *patient*
diodde — *to suffer*
dirprwy — *deputy*
disgybl — *pupil*
gwenwyn bwyd — *food poisoning*
tacluso — *to tidy*
yn frysiog — *hurriedly*

Pennod 20

Deng munud ar ôl i Ann gyrraedd ei swyddfa yn yr ysgol, canodd y ffôn. Meinir oedd yno.

'Mae'n ddrwg gen i Mrs Williams, ond fedrwch chi ddod yn ôl i'r ysbyty. Mae Mr Rowlands yn codi twrw ofnadwy. Mae o eisiau 'ch gweld chi.'

'Fi? Pam? Fedra' i ddim dod, mae arna' i ofn, Meinir.'

'Mae o'n dweud os na ddewch chi, mi ddaw o i'r ysgol i'ch gweld chi. Ac mi wneith o hefyd, dwi'n siŵr. Wnewch chi ddod, os gwelwch yn dda, Mrs Williams, i'w gadw fo'n ddistaw? Mi holodd o fi am eich plant chi. Mi ddywedais i wrtho fo am Huw, ac mae o'n dweud ei fod o eisiau siarad efo chi am Huw. Mae'n rhaid i ni ei gadw fo yma, mae o'n sâl. Mae o wedi cael ffrae fawr efo'r meddyg yn barod. Wn i ddim be sydd o'i le.'

'Na finnau chwaith. Os fedra' i fod o help i ti, mi ddo' i. Wela' i ti yn fuan.' Roedd Meinir yn siarad gormod, meddyliodd Ann. Roedd dwylo Ann yn crynu wrth iddi dynnu goriad y car allan o'i bag llaw. Doedd hi erioed wedi casáu Crad, ond roedd hi wedi bod yn falch o gael gwared ohono fo. Ond rŵan, basai hi'n hoffi ei weld yn farw.

Yn yr ysbyty, ymddiheurodd Meinir eto am alw Ann yno.

'Paid â phoeni Meinir fach. Mae'n rhaid bod rhyw

gamgymeriad wedi digwydd, ond ga' i wybod be mae o eisiau rŵan.'

'Gobeithio wir. Mae o fel dyn gwallgof. 'Dach chi eisiau paned Mrs Williams?'

'Dim diolch, Meinir, fydda' i ddim yma'n hir.'

Aeth hi i mewn i ystafell Crad. Roedd o'n edrych yn ofnadwy ac yn crynu mwy nag oedd Ann hyd yn oed.

'Helo, Angharad, mi ges i sioc pan welais i ti.'

'Peidiwch â fy ngalw i'n 'ti' Crad. Dwi ddim eisiau bod yma. Be 'dach chi eisiau?'

'Ro'n i'n meddwl eich bod chi yn Awstralia.'

'Mi hoffwn i fod yno ar hyn o bryd, credwch fi. Be 'dach chi eisiau?'

'Dwi ddim yn siŵr sut i ddweud hyn — dwi'n meddwl bod gynnon ni fab . . . '

'Does gynnon *ni* ddim mab. Fy mab *i* ydi o. Doeddech chi erioed ei eisiau fo. Mae hi'n rhy hwyr rŵan.'

'Mae'r nyrs wedi sôn wrtha' i amdano fo. Ydy on gwybod pwy ydy ei dad o?'

'Wrth gwrs.'

'Felly, fasech chi ddim yn meindio taswn i'n mynd i'w weld o a chyflwyno fy hun?'

'Mi faswn i'n meindio yn fawr!'

'Felly, dydy o ddim yn gwybod.'

Petrusodd Ann. 'Nac ydy.'

'Dwi wedi gweld eich mab chi efo Selwyn, fy mab i, yn busnesu o gwmpas Plas Llys-wen. Mi fasai'n ddiddorol iawn tasen nhw'n darganfod eu bod nhw'n ddau hanner brawd.'

'Pa help fedrai hynny fod i neb?'

'Mi fedrai fy helpu i.'

'Sut?'

‘Mae ’na lawer o bobl yn ceisio cael gwared ohona’ i yn sydyn iawn. Y criw sy’n gwneud y rhaglen, fy mab Selwyn, a dwi’n meddwl bod eich mab chi yn rhan o’r cynllwyn hefyd. Dwi eisiau achub fy nghroen fy hun, yn naturiol.’

‘ ’Dach chi ddim wedi newid dim, Crad. Ond, does gan Huw ddim byd yn eich erbyn chi, wir. Dydy o ddim yn gwybod dim byd o gwbl amdanoch chi.’

‘Mae o’n gwybod be mae Selwyn a’r criw teledu yn ei feddwl ohona’ i. Wel, wnân nhw ddim cael gwared ohona’ i mor hawdd â hynny.’ Roedd Crad yn codi’i lais. ‘Fy ngardd i ydy fy mywyd i. Wna’ i ddim ildio i Selwyn heb gwffio. Mi wna’ i ddangos i’r bastad.’

‘Yn union.’

‘Be?’

‘A dweud y gwir, bastad yw Selwyn. Roedd eich priodas chi efo ei fam yn anghyfreithlon, os cofiwch chi. Meddyliwch am y peth, Crad. Nid eich gardd chi ydy’r ardd. Does gynnoch chi ddim hawl i fod yno o gwbl!’

Syllodd Crad ar Ann yn gas.

‘Gawn ni banad?’ meddai Ann. Hi oedd yn rheoli rŵan. Cododd ar ei thraed a cherdded at y drws.

‘Meinir, mi faswn i’n hoffi panad wedi’r cyfan.’

Geiriau newydd

anghyfreithlon — *illegal*
codi twrw — *to cause trouble*
croen — *skin*
crynu — *to shake*
cwffio — *to fight*
hawl — *right*
hyd yn oed — *even*
ildio — *yield*
wedi'r cyfan — *after all*

Pennod 21

' 'Dach chi ddim yn yfed y te, Crad?' gofynnodd Ann.

'Dwi ddim yn hoffi te heb rwm ynddo. Go brin eich bod chi'n cario hanner potel yn eich bag llaw.'

'Nac ydw . . . Wel, does dim eisiau i'ch gwraig chi wybod am Huw a fi. Dwi wedi cadw yn dawel ers blynyddoedd. Dwi ddim eisiau achosi trafferth i chi, na'ch gwraig — na'ch mab. Ond, os byddwch chi'n bygwth dweud wrth Huw mai chi ydy ei dad o, mi wna' i ddweud wrth Isabel mai nid hi ydy eich gwraig chi. Mi fyddwch chi allan o'r Plas mor gyflym, chewch chi ddim amser i nôl eich rhaw.'

Aeth Crad at y cwpwrdd yn ymyl ei wely lle'r oedd wedi cuddio ei sigaréts a matshys. Meddyliodd am funud.

'Be 'dach chi'n wybod am y ffilm?'

'Dim byd. Pa ffilm?'

'Dwi'n meddwl bod rhywun yn gwneud ffilm tu ôl i fy nghefn i. Mi wnaeth eich ffrind chi, Iola, sôn am rywun sy'n gwneud ffilm am eich mab. Dwi'n siŵr bod y ffilm yn rhan o gynllwyn Dewi a Haf i gael gwared ohona' i.'

'Wel, wn i ddim pwy ydy Dewi a Haf, ac mae Iola yn cael pethau'n anghywir trwy'r amser. Wn i ddim byd am ffilm. Be sydd gan y ffilm i wneud efo fi beth bynnag?'

'Popeth, Angharad, fy hen gariad. Os oes 'na ffilm, dwi eisiau gwybod os ydy Emyr yn gwybod rhywbeth amdani hi. Os gwneith unrhyw un rhywbeth i ddinistrio fy ngyrfa deledu i, fy ngardd, fy mywyd, mi dynna' i pawb i lawr efo fi — Haf, Dewi, Isabel, Selwyn, chi a Huw annwyl.'

' 'Dach chi'n bwriadu dinistrio pawb a phopeth er mwyn cadw eich enw da eich hun, Crad?'

'Dwi'n meddwl eich bod chi'n dallt o'r diwedd, Angharad. Wrth gwrs, mi fydda' i'n edrych ymlaen at gyfarfod fy mab Huw,' meddai, gan wenu'n ffals.

'Os oes 'na unrhyw un yn mynd i ddweud rhywbeth wrth Huw, fi fydd honno. Dwi'n credu mai dychmygu'r ffilm 'ma 'dach chi, Crad.'

'Os nad oes 'na ffilm, iawn. Mi fedrwn ni i gyd gadw yn dawel. Does dim niwed wedi'i wneud. Mi wna' i ffônio Emyr y bore 'ma. Mi wna' i roi gwybod i chi be sy'n digwydd. Tan hynny, mi wnawn ni gadw'n ddistaw. Iawn?'

'Does gen i ddim dewis, nagoes? . . . Isabel a Selwyn druan. Os oes 'na fastad yn y teulu, chi ydy hwnnw.'

Chwarddodd Crad. Roedd o'n mwynhau bod yn fastad.

Geiriau newydd

dychmygu — *to imagine*
go brin — *hardly*
niwed — *harm*

Pennod 22

Roedd Meinir yn aros am Ann ar ben y coridor.

'Ydy popeth yn iawn Mrs Williams? Beth oedd o eisiau?'

'Dwi'n meddwl ei fod o wedi fy nghamgymryd i am rywun arall. Dwi ddim yn meddwl fy mod i wedi bod yn help mawr iddo fo. Ond o leiaf mae o'n dawel rŵan.'

'Oedd o'n nabod Huw 'te?'

'Nac oedd, ond roedd o wedi clywed amdano fo. Roedd Mr Rowlands yn meddwl y basa fo'n medru helpu gyrfa Huw ar y teledu. Mae o'n ddyn rhyfedd, yntydi?'

'Od iawn. Dwi ddim yn ei hoffi fo a deud y gwir. Wel, diolch yn fawr am ddod, Mrs Williams.'

'Mae'n iawn, Meinir. Am faint mae o'n gorfod aros yn yr ysbyty?'

'Wel, mae'n anodd dweud; mi fydd o yma am rai dyddiau dwi'n meddwl. Mae o'n yfed gormod, ac mae'r meddyg yn meddwl bod 'na rywbeth yn bod ar ei iau o. 'Dan ni'n meddwl bod gynno fo glefyd siwgr, hefyd, ond dydy o ddim yn credu hynny. 'Dan ni eisiau ei gadw fo i mewn yn yr ysbyty am brofion.'

'Wel dwi'n siŵr ei fod o mewn dwylo da. Gobeithio medrwch chi ei gadw fo yma. Wel, yn ôl i'r ysgol rŵan, Meinir. Hwyl!'

Roedd Ann yn gwybod ar unwaith beth oedd yn rhaid iddi hi ei wneud. Byddai Crad yn darganfod popeth am y ffilm yn fuan, y bore hwnnw hyd yn oed. Aeth adra. Ffôniodd hi'r ysgol i ddweud wrth Nansi na fyddai hi'n medru dod i mewn am weddill y diwrnod. Tynnodd hi ei thystysgrif priodas a thystysgrif geni wreiddiol Huw o gefn drôr y ddesg. Llenwodd ei char efo petrol a chychwynnodd am Blas Llys-wen. Doedd hi ddim yn gwybod beth i'w ddisgwyl. Ella byddai Isabel yn medru meddwl am ffordd i stopio Crad. Pan fyddai Isabel yn gwybod y gwir, byddai dwy ohonyn nhw i gadw Crad yn dawel.

Roedd hi'n un o'r gloch pan ganodd Ann gloch drws Plas Llys-wen gan deimlo'n nerfus iawn. Daeth Isabel at y drws ar unwaith.

'Helo, Mrs Rowlands. Ann Williams dwi, o Afon-las.'

'Ydych chi'n ohebydd papur newydd? Does gyda fi ddim byd i'w ddweud.'

'Nac ydw. Mam Huw Williams ydw i. 'Dach chi'n cofio Huw — y cogydd, ffrind eich mab Selwyn?'

Gwenodd Isabel yn wan. 'O, Mrs Williams, dewch i mewn. Mae Huw wedi dweud llawer wrtha' i amdanoch chi. Mae'n flin gyda fi fy mod i dipyn bach yn gymysglyd gyda Crad yn Ysbyty Morfa-las a'r peth yma a'r peth arall. Sut mae Huw?'

Aeth Isabel ag Ann i mewn i'r lolfa fawr, gysurus.

'Eisteddwch, Mrs Williams. Gaf fi dynnu eich cot chi? Fe wnaf fi goffi i ni'n dwy ac wedyn gawn ni sgwrs fach. Nes ymlaen fe ddangosa' i chi ble fydd y tŷ bwyta newydd.'

'Diolch yn fawr.' Byddai Isabel angen rhywbeth llawer cryfach na choffi yn y munud, meddyliodd Ann wrthi ei hun. Dychwelodd Isabel gyda choffi a chacennau bach.

'Does dim eisiau i chi boeni, Mrs Williams. Dwi'n siŵr bod Huw wedi gwneud y penderfyniad cywir. Mae'n rhaid eich bod chi yn falch ohono fe. Gaf fi ddweud fy mod i'n meddwl eich bod chi wedi gwneud gwaith ardderchog yn magu Huw ar eich pen eich hun.'

'A dweud y gwir, Mrs Rowlands, tad Huw ydy'r rheswm pam rydw i wedi dod yma.'

'O? Ond roeddwn i'n credu bod tad Huw wedi marw.'

'Nac ydy. Mi ddwedais i wrth Huw ei fod o wedi marw achos dwi ddim eisiau i Huw wybod pwy ydy ei dad.'

'O diar mi. Oedd e mor ofnadwy a hynny 'te?'

'Dwi'n meddwl byddwch chitha'n cytuno efo fi, pan glywch chi pwy ydy o.'

'Wel, nid fy musnes i ydy hynny, Mrs Williams. Pam ych chi'n mo'yn dweud wrtha' i?'

Llyncodd Ann yn galed. 'Dyma dystysgrif geni Huw, Mrs Rowlands. Wnewch chi edrych arni hi, os gwelwch yn dda.' Roedd hi'n amlwg bod Isabel yn meddwl bod Ann yn wallgof. Edrychodd, ychydig yn anfoddog, ar y darn papur. Cochodd gwddf Isabel a chododd y lliw yn araf i fyny i'w hwyneb. Edrychodd hi ar Ann mewn dychryn.

'Nid jôc ddi-chwaeth ydi hon nage?'

'Nage, mae arna' i ofn.'

'Mae'r papur yn dweud 'Angharad Rowlands'. Ydych chi'n briod â Crad 'te?'

'Wrth gwrs, dyma ein tystysgrif priodas.'

Cododd Isabel ei llaw. 'Dim diolch, dwi wedi gweld

hen ddigon.'.

Rhoddodd Isabel y papur yn ôl i Ann. Cododd o'i chadair a dechrau cerdded o gwmpas yr ystafell.

'Y bastad!' meddai hi. 'Ddywedodd e ddim byd wrtha' i am hyn. Byddai 'Nhad wedi'i ladd e. Pryd gawsoch chi ysgariad?'

'Mae'n ddrwg gen i — mae'n sioc fawr i chi, ond mae 'na waeth i ddod. Dydy hyn ddim yn hawdd i mi chwaith . . . '

'Gwaeth i ddod? Beth?'

'Dydan ni ddim wedi cael ysgariad, yn anffodus 'dan ni dal yn briod.'

Llewygodd Isabel yn daclus ar y soffa.

Geiriau newydd

camgymryd — *to mistake*
clefyd siwgr — *diabetes (sugar disease)*
cochi — *to redden*
cymysglyd — *mixed up*
cysurus — *comfortable*
dychryn — *horror*
iau — *liver*
jôc ddi-chwaeth — *sick joke*
llewygu — *to faint*
llyncu — *to swallow*
profion — *tests*
taclus — *neatly*

Pennod 23

Brysiodd Ann ati hi. ' 'Dach chi eisiau dŵr? Brandi?'

Agorodd Isabel ei llygaid. 'Fan 'na,' meddai hi gan bwyntio at gornel yr ystafell. Daeth Ann â dau wydryn a thywallt brandi i bob un.

'Mrs Rowlands,' meddai Ann.

'Ond nid fi yw Mrs Rowlands — chi yw Mrs Rowlands!'

'Mae'n well gen i ddefnyddio fy enw cyn priodi. Beth bynnag, dwi ddim eisiau eich brifo chi, na gwneud trafferth. Dwi wedi bod yn rhydd oddi wrth Crad am lawer o flynyddoedd rŵan, dyna'r cwbl dwi eisiau.'

'Felly, pam dweud wrtha' i nawr? Beth 'ych chi'n mo'yn? Arian?'

'Peidiwch â fy sarhau i, Mrs . . . y . . . Isabel; dwi angen eich help chi.'

'Mae'n ddrwg gen i, . . . Ann. Mae'n anodd meddwl yn synhwyrol. Beth am Sel? Bastad yw e!' Dechreuodd Isabel grio.

'Does dim bai arnoch chi,' meddai Ann. 'Ella na fydd angen i Selwyn gael gwybod.'

'Sut felly? Mae'n rhaid bod rhywbeth wedi digwydd yn ddiweddar i gychwyn hyn. Pam ydych chi wedi dod heddiw, pam na ddaethoch chi llynedd, neu ugain mlynedd yn ôl?'

Yfodd Isabel y brandi a thywallt un arall iddi ei hun.

Estynnodd hi'r botel i Ann. 'Dim diolch,' meddai Ann, 'Dwi eisiau gyrru adra. Pam dod atoch chi rŵan? Wel, doedd 'na ddim bygythiad i mi cyn hyn. Yn anffodus, mi ddois i wyneb yn wyneb efo Crad bore 'ma.'

Eisteddodd Ann a dweud wrth Isabel beth oedd wedi digwydd.

'Am lanast,' meddai Isabel pan oedd Ann wedi gorffen. 'Does dim dwywaith amdani, fe wnaiff e'n dinistrio ni i gyd . . . Wrth gwrs, fe allwn i gynnig tir iddo fe yn rhywle arall, ond wnaiff hynny ddim ei gadw fe'n dawel.'

Aeth y ddwy wraig ati i geisio dod o hyd i ateb i'r broblem. Roedd yr un syniad yn chwarae ar feddwl y ddwy. Yr unig beth fedrai achub y sefyllfa oedd marwolaeth Crad. Ond sut? Doedd troi yn llofrudd ddim yn apelio at yr un ohonyn nhw. Roedd hi'n bosib y byddai'r clefyd siwgwr, neu'r broblem gyda'i iau yn lladd Crad yn y pen draw — ond dim hanner digon buan. Roedd y broblem yn galw am sylw ar unwaith.

Am bedwar o'r gloch, penderfynodd Ann fynd adra. Cytunon nhw i gadw mewn cysylltiad — roedd ganddyn nhw rai dyddiau cyn i Crad ddod allan o'r ysbyty. Canodd y ffôn pan oedd Ann yn gwisgo ei chot. 'Helo, Selwyn! Dwi'n iawn, diolch, sut mae pethe?' meddai Isabel, gan amneidio ar Ann i aros. Gwrandawodd Isabel am funud. 'O diar, y ffŵl gwirion. Gobeithio y caiff o ddamwain ddweda' i.'

Roedd Selwyn yn siarad eto.

'Beth? Wrth gwrs, cariad, rhaid i ti aros gyda Huw. Ddaw Crad ddim yma. Paid â phoeni amdana' i. Wela' i ti yfory. Hwyl.'

Trodd Isabel at Ann, a'i hwyneb yn welw.

'Newyddion drwg, Ann, mae arna' i ofn. Mae Crad

wedi cerdded allan o'r ysbyty. Mae e ar y ffordd i weld Emyr. Efallai bydd y diwedd yn dod yn gynt na roedden ni wedi'i feddwl.'

Aethon nhw at y drws yn ddigalon, gan ddal i feddwl yn galed.

'Mae'n debyg nad ydych chi'n mo'yn edrych o gwmpas yr ardd cyn i chi fynd, ond os ydych chi'n mo'yn cip cyflym, does neb yma heddiw.'

'Diolch, Isabel. Byddwch yn ofalus. Ella yr a' i am dro bach i gael dipyn o awyr iach cyn i mi yrru adra.'

Crwydrodd Ann o gwmpas yr ardd, gyda chalon drom. Roedd hi wedi gweld yr ardd ar y teledu llawer o weithiau. Roedd popeth yn edrych mor berffaith. A dyna sied fach werdd Crad. Cerddodd heibio i'r sied. Dyna od. Cofiodd yn sydyn am rhywbeth fyddai Crad yn ei ddweud dro ar ôl tro ar ei raglen: 'Mae'r sied ar glo bob amser, ac mae'r allwedd yn byw yn fy mhoced'. Ond roedd y sied ar agor rŵan. Aeth Ann ati i edrych i mewn.

Doedd y sied ddim mor daclus ag roedd hi'n edrych ar y teledu.

Roedd 'na boteli o rwm a wisgi ynghanol chwynleiddiaid o bob math. Roedd un peth yn siŵr. Y tro nesa byddai Crad yn dod yma, byddai'n cymryd diod. Doedd ganddi hi ddim i'w golli. Roedd 'na hanner potelaid o rwm ar y silff. Edrychodd Ann ar y chwynleiddiaid. Byddai *Paracwat* yn gwneud y tro. Flynyddoedd yn ôl, dywedodd Crad fod *Paracwat* yn edrych fel cola. Wel, meddyliodd Ann, mae cola yn mynd yn iawn efo rwm. Rhoddodd hi fenig garddio am ei dwylo cyn iddi hi gyffwrdd â'r poteli a chymysgodd hi goctel i Crad.

Geiriau newydd

allwedd = goriad (SW)
amneidio — *to beckon*
crwydro — *to wander*
chwynleiddiaid — *weedkillers*
gwelw — *pale*
llofrudd — *murderer*
marwolaeth — *death*
menig — *gloves*
mynd ati — *to go to it*
sarhau — *to insult*
synhwyrol — *sensible*
tir — *land*
yn y pen draw — *in the end*

Pennod 24

Tua hanner nos, deffrodd Isabel. Roedd y cŵn yn cyfarth ar Crad oedd yn curo ar y drws ffrynt, gan regi a gweiddi. Roedd o wedi meddwi, ac, yn amlwg, yn flin iawn. Roedd Isabel wedi cloi'r drws o'r tu mewn, felly fedrai Crad ddim dod i mewn. Agorodd hi ffenest y llofft.

'Cer o'ma Crad. Cer i'r gwely.'

'Mi wna' i eich tynnu chi i gyd i lawr efo fi,' gwaeddodd Crad. 'Agora'r drws yr ast. Dwi eisiau dweud rhywbeth wrthot ti.'

'Yfory, Crad, pan fyddi di'n sobor. Cer o'ma.'

'Iawn, os nad wyt ti eisiau siarad, mi gei di ddarllen am y peth yn y papurau dydd Sul. Mi ddweda' i bopeth wrthyn nhw.'

Caeodd Isabel y ffenest. Ar ôl deng munud arall, gadawodd Crad a stopiodd y cŵn gyfarth.

Os oedd Crad yn siarad am y papurau dydd Sul, mae'n rhaid ei fod e'n gwybod am y ffilm, meddyliodd Isabel. Ond pa ffilm? — 'Bywyd Crad' neu raglen Huw — doedd dim gwahaniaeth, roedd o'n benderfynol o godi twrw beth bynnag.

Cododd Isabel a gwneud panad o de. Aeth hi i ffenest y gegin. Roedd y golau ymlaen o hyd yn y Tŷ Cloc. Gwyliodd hi'r golau gyda'i chalon yn suddo. O'r diwedd roedd hi'n dywyll yn y Tŷ Cloc. Doedd hi ddim yn teimlo fel cysgu. Aeth i fyny'r grisiau a gwisgo. Byddai hi'n mynd â'r cŵn am dro.

Roedd y cŵn yn falch iawn o gael mynd am dro yng nghanol y nos ac mi ddechreuon nhw ruthro dros y lawnt i bob cyfeiriad. Roedd hi'n noson hyfryd o haf, efo lleuad euraid, yn wahanol iawn i'w dyfodol hi. Ar ôl hanner awr, er nad oedd hi'n teimlo'n well, penderfynodd roi cynnig ar gysgu eto. Ond ble'r oedd Pwt?

'Pwt?' galwodd hi'n ysgafn. Daeth y cŵn eraill ati.

'Dai, Ianto! Ble mae Pwt? Ffeindiwch Pwt, bois!' Fel arfer roedden nhw'n medru dod o hyd i'w gilydd yn hawdd. Dilynodd hi Dai a Ianto.

Daeth Dai o hyd i Pwt yn chwyrnu tu allan i'r sied werdd. Ella bod Pwt yn meddwl bod Crad i mewn yn y sied werdd. Wedi'r cyfan, doedd Pwt ddim yn hoffi Crad. Dyna beth od, meddyliodd, roedd y sied ar glo fel arfer . . .

Aeth Isabel i mewn i'r sied, a rhoddodd y golau ymlaen. Edrychodd ar y gymysgedd o boteli — rwm a wisgi a chwynleiddiaid. Y funud honno, cafodd syniad. Wel, roedd un peth yn sicr, byddai Crad yn cymryd diod yn y bore. Doedd ganddi hi ddim i'w golli. Doedd hi'n gwybod dim byd am chwynleiddiaid. Sut dylai hi ei ddefnyddio? Sylwodd ar y bocs efo '*Sodium Chlorate — POISON*' ar ei ochr. Rhoddodd fenig garddio am ei dwylo ac agorodd y bocs. Powdwr gwyn. Pam lai? Cododd Isabel botelaid o wisgi hanner llawn a thywalltodd ddwy lwyaid o'r powdwr i mewn iddi. Ysgydwodd y botel nes roedd y powdwr wedi diflannu. Tynnodd y menig garddio i ffwrdd a gadael y sied.

Cyn iddi hi fynd i'w gwely aeth i fflat Selwyn i nôl allwedd sbâr y sied. Byddai Crad yn gwybod bod rhywbeth o'i le tasai'r sied ar agor. Doedd neb yn gwybod bod gan Selwyn allwedd. Aeth hi allan eto yn ddistaw a chloi drws y sied.

Geiriau newydd

cyfeiriad — *direction*
euraid — *golden*
penderfynol — *determined*
rhoi cynnig ar — *attempt to*

Pennod 25

Pan gyrhaeddodd Selwyn adre am ddeg o'r gloch drannoeth, roedd 'na ddwy neges oddi wrth Haf yn aros amdano. Ffôniodd Sel hi'n syth. Ar ôl sgwrs hir, dywedodd o wrth Isabel. 'Wel, Mam, mae pethau'n edrych yn ddrwg. Mae Crad wedi gweld ffilm "Bywyd Crad" ac mae e wedi mynd yn wyllt. Wyt ti wedi ei weld e bore 'ma?'

Wrth i Selwyn baratoi i fynd allan eto, dywedodd Isabel wrtho am ymweliad Crad y noson gynt. Ond roedd yna rhywbeth arall yn ei phoeni.

'Selwyn, mae 'na rywbeth arall dwi mo'yn ei ddweud wrthot ti.'

'Nes ymlaen, Mam, mae'n rhaid i mi ddod o hyd i Crad ar unwaith.'

Selwyn ddaeth o hyd i Crad ar lawr y sied werdd.

'Dad,' meddai, 'deffra! Mae'n rhaid i ni siarad.'

Wnaeth o ddim dweud gair. Roedd o'n gorwedd yn hollol llonydd. Yna, meddyliodd Selwyn fod ei dad wedi cael stroc arall, a phlygodd i lawr i chwilio am guriad. Cafodd sioc ofnadwy pan fethodd â theimlo un, a sylweddoli bod ei dad wedi marw. Brysiodd allan o'r sied a rhedeg am y tŷ.

'Be sy' wedi digwydd?' gofynnodd Isabel. 'Rwyt ti'n edrych fel taset ti wedi gweld ysbryd!'

'Mae Dad wedi marw, Mam. Fe ffônia' i am

ambiwlans ar unwaith.'

Dechreuodd Isabel grynu o'i chorun i'w sawdl a rhuthrodd o'r ystafell.

Ar ôl i Selwyn orffen siarad, rhoddodd y ffôn i lawr ac aeth i chwilio am ei fam. Roedd Isabel wedi diflannu. Ymhen hanner awr, cyrhaeddodd yr ambiwlans, ond gwrthododd y dynion ambiwlans symud y corff.

'Mae'n ddrwg gen i, Mr Rowlands, mae 'na lawer o wenwyn ar y silffoedd yma,' meddai un. 'Mae'n rhaid i ni ffônio'r heddlu yn gyntaf.'

Erbyn i'r heddlu gyrraedd roedd y garddwyr wedi dod o bob rhan o'r ardd i weld beth oedd yn digwydd. Gwyliodd pawb yr heddlu'n rhoi tâp o amgylch y sied ac yn cario bocs ar ôl bocs o wahanol boteli a chwynleiddiaid i mewn i'w ceir . . .

Pan ddychwelodd Selwyn o'r ysbyty, daeth o hyd i'w fam yn crio yn y lolfa. Rhoddodd o ei freichiau amdani.

'Mi fydd popeth yn iawn, Mam. Dwi'n gwybod nad oeddech chi'ch dau yn agos iawn, ond mae e'n dal i fod yn sioc mawr.'

'Ond, Sel, fi sydd wedi ei ladd e,' ochneidiodd Isabel.

'Beth? Nage, siŵr. Cymer frandi bach a cheisia gadw'n dawel.'

Dywedodd Isabel hanes y noson gynt i gyd, ond wnaeth hi ddim sôn am ymweliad Ann. Edrychodd Selwyn ar ei fam mewn syndod. 'Ond pam nawr Mam, rwyt ti wedi dygymod â fe am flynyddoedd, a beth ydy'r lol 'ma am y papurau dydd Sul?'

'Roedd e'n mynd i ddifetha popeth i ni, Selwyn.'

'Dim o gwbl, fe sy' wedi cael ei ddinistrio. Dyw e ddim yn gallu gwneud dim i'n brifo ni nawr.'

Cadwodd Isabel yn dawel. Byddai popeth yn dod

allan yn yr achos llofruddio. Dechreuodd grio eto.

'Bydd yr heddlu'n dod yma'n fuan Mam, i ofyn cwestiynau. Does dim eisiau i ti sôn am beth ddigwyddodd neithiwr. Dim eto.'

Wrth iddyn nhw aros am yr heddlu, aeth Selwyn i'r gegin i wneud coffi. Pan adawodd Selwyn yr ystafell, ffôniodd Isabel Ann. Cafodd Ann sioc o glywed bod Isabel wedi llofruddio Crad, a mynnodd Isabel ei bod yn cadw'n dawel am y noson gynt

'Mi fydd 'na gwest, Isabel, a *post mortem* hefyd. Arhoswch i weld beth fydd y crwner yn ei ddweud. 'Dach chi wedi siarad efo Selwyn am ein sgwrs ni ddoe?'

'Dim eto. Ydych chi wedi siarad efo Huw?'

'Dim eto. Gawn ni adael y peth am ychydig o ddyddiau? Does dim brys rŵan. Dylen ni aros am yr amser iawn i ddweud popeth.'

'Iawn. Mae Sel yn dod yn ôl nawr. Cadwch mewn cysylltiad.'

Geiriau newydd

achos — *case*
brifo — *to hurt*
corff — *body*
crwner — *coroner*
curiad — *pulse*
cwest — *inquest*
llofruddio — *to murder*
ochneidio — *to groan*
o'i chorun i'w sawdl — *from head to toe*
plygu — *to bend*
rhaff — *rope*
ysbryd — *ghost*

Pennod 26

Penderfynodd y crwner bod Caradog Rowlands wedi lladd ei hun. Dangosodd y *post mortem* yn glir ei fod o'n diodde o glefyd siwgwr a sirosis yr iau. Roedd o wedi cerdded allan o'r ysbyty a gwrthod triniaeth, ac yn amlwg medrai weld bod ei yrfa fel garddwr ar ben. Roedd o wedi mynd yn ddyn digalon iawn.

Doedd 'na ddim tystiolaeth bod unrhyw un arall wedi bod yn y sied. Roedd Mr Rowlands yn gwybod popeth am chwynleiddiaid, ac yn gwybod yn iawn beth fyddai eu heffaith ar y corff dynol. Roedd dwy botel wedi cael eu darganfod gyda chymysgedd o chwynleiddiaid ac alcohol ynddyn nhw, y ddwy gydag olion bysedd Mr Rowlands yn unig arnyn nhw. Roedd yn well ganddo fo *Paracwat*, oherwydd roedd o'n gwybod byddai *Paracwat* yn ei ladd o. Roedd yr achos yn glir ac yn drist iawn.

Doedd Isabel ddim yn deall canlyniad y *post mortem* o gwbl, ond cadwodd yn dawel. Roedd o'n rhyddhad mawr i Selwyn nad oedd neb yn meddwl bod ei fam yn llofrudd.

Roedd angladd Crad yn achlysur pwysig. Daeth llawer o bobl i dalu teyrnged i hen ŵr doeth y byd garddio. Cymerodd Selwyn le ei dad yn rhaglenni olaf y tymor, a chyflwynodd o'r cwpan i Afon-las, pentre garddio gorau Cymru. Ar y rhaglen olaf esboniodd

Selwyn i'r gwylwyr na fedrai neb lenwi welis gwyrdd Crad. Roedd rhaw Crad wedi cael ei chladdu efo fo.

Roedd Selwyn yn edrych ymlaen at gael bod yn ôl efo'r gwylwyr yn y gaeaf fel cyflwynydd rhaglen newydd, 'Brenin y Gegin'. Derbyniodd Haf Davies, cynhyrchydd newydd 'Brenin y Gegin', gannoedd o lythyrau yn gofyn am ffotograff Selwyn hyd yn oed cyn i'r rhaglen gyntaf gael ei darlledu. Roedd hi wedi bod o help mawr i Selwyn drwy'r misoedd anodd ar ôl marwolaeth ei dad.

Ym mis Medi, dan goeden afalau mewn gardd yn Normandi, roedd Isabel ac Ann yn yfed coffi ar ôl cinio ardderchog. Cerddodd Haf a Selwyn tuag atyn nhw law yn llaw dros y lawnt.

Aeth Selwyn i mewn i'r gegin. ' 'Dach chi eisiau mwy o goffi Isabel? Ann?' gofynnodd Haf. 'Mae'r dynion eisiau siarad siop.'

'Diolch yn fawr, Haf,' meddai Isabel. Dychwelodd Haf efo potaid o goffi ac eistedd efo'r gwragedd. Daeth y dynion o'r gegin a gwyliodd y mamau eu meibion yn cerdded yn yr ardd efo Henri.

'Hen hogia iawn,' meddai Ann.

'A ffrindiau mawr,' meddai Isabel.

'Dwi'n dal i feddwl bod Huw a Selwyn yn edrych yn debyg i'w gilydd. Maen nhw bron fel brodyr,' meddai Haf.

Dim ond gwenu wnaeth y ddwy fam.

Geiriau newydd

achlysur — *occasion*
angladd — *funeral*
canlyniad — *result*
dynol — *human*
olion bysedd — *fingerprints*
rhyddhad — *relief*
teyrnged — *tribute*
triniaeth — *treatment*
tymor — *season*
tystiolaeth — *evidence*

Geirfa

abwyd — *bait*
achlysur — *occasion*
achos — *case*
achub — *to save*
addas — *suitable*
addo — *to promise*
adnabod — *to recognise*
adroddiad — *report*
aeliau — *eyebrows*
agor y geg — *to yawn*
agosáu — *to approach, come nearer*
ailgynllunio — *to redesign*
allwedd = goriad *(SW)*
amddiffyn — *to protect*
amlen — *envelope*
amneidio — *to beckon*
anabl — *disabled*
anesmwyth — *uneasy*
anfoddog — *unwilling, reluctant*
anghyfreithlon — *illegal*
angladd — *funeral*
anwybyddu — *to ignore*
anymwybodol — *unconscious*
arbed — *to spare*
argraff — *impression*
arwydd — *sign*
arwyddo — *to sign*
atgofion — *memories*
atyniad — *attraction*
awgrymu — *suggest*
awyddus — *keen*
awyr iach — *fresh air*
awyrgylch — *atmosphere*
baglu — *to trip*
barn — *opinion*
basgedaid — *basketful*

bedd — *grave*
beichiog — *pregnant*
beiddio — *to dare*
beirniad — *judge*
beirniadu — *to judge*
ben bore — *early morning*
beth bynnag — *anyway*
brifo — *to hurt*
bron â marw — *desperate (id.)*
brwd — *enthusiastic*
brwydro — *to fight*
bwriadu — *to intend*
bwydlen — *menu*
bygwth — *to threaten (blackmail)*
byrrach — *shorter*
cacen gri — *Welsh cake*
cael gwared o — *to get rid of*
call — *sensible*
camgymryd — *to mistake*
caniatâd — *permission*
canlyniad — *result*
canmol i'r cymylau — *to sing (its) praises*
canolbwyntio — *to concentrate*
carchar — *prison*
casglu — *to collect*
cefndir — *background*
cefnogaeth — *support*
celwydd — *lie*
chwyn — *weeds*
chwynleiddiaid — *weedkillers*
chwyrnu — *to growl*
chwythu — *to blow*
cist y car — *car boot*
claddu — *to bury*
claf — *patient*
clebran — *to chatter*
clefyd siwgr — *diabetes (sugar disease)*
clodwiw — *worthy*
cochi — *to redden*

codi twrw — *to cause trouble*
codi'r bys bach — *to tipple*
colur — *make-up*
corff — *body*
corrach — *gnome*
crafu — *to scratch*
croen — *skin*
crwner — *coroner*
crwydro — *to wander*
crynu — *to shake*
cuddio — *to hide*
curiad — *pulse*
cwest — *inquest*
cwffio — *to fight*
cwmwl o lwch — *cloud of dust*
cwyno — *to complain*
cyd-ddigwyddiad — *coincidence*
cyfadde — *to confess*
cyfarwyddwr — *director*
cyfeiriad — *direction*
cyffroi — *to get excited*
cyffrous — *exciting*
cyflenwad — *supply*
cyflog — *wages*
cyfog — *vomit*
cyfres — *series*
cyfri — *to count*
cyfrinach — *secret*
cyhoeddusrwydd — *publicity*
cymdoges — *neighbour (f)*
cymysglyd — *mixed up*
cynhyrchydd — *producer*
cynllwynio — *to plot*
cynnil — *subtle*
cyntedd — *hall*
cystadleuaeth — *competition*
cysurus — *comfortable*
cytundeb — *contract*
dail — *leaves*

damwain — *accident*
darlledu allanol — *outside broadcasting*
datblygu — *to develop*
deunydd — *material*
dieithriaid — *strangers*
diflannu — *to disappear*
dim dwywaith amdani — *no two ways about it*
dim gobaith caneri — *no hope (id.)*
diodde —*to suffer*
diogelu — *to protect*
diogelwch — *safety*
dirgelwch — *mystery*
dirprwy — *deputy*
disgleirio — *to shine*
disgybl — *pupil*
dod ato'i hun — *to come round*
doeth — *wise*
dwl — *stupid (SW)*
dwyn — *to steal*
dychmygu — *to imagine*
dychryn — *horror*
dychwelyd — *to return*
dygymod â — *to put up with*
dymuno — *to wish*
dyn sain — *sound technician*
dynol — *human*
euog — *guilty*
euraid — *golden*
ffrae — *row*
gafael — *to grasp, hold*
gan gynnwys — *including*
gast — *bitch*
go brin — *hardly*
gollwng — *to drop*
golygus — *handsome*
gorchuddio — *to cover*
gwael — *poor (weak)*
gwastraffu — *to waste*
gwawrio — *to dawn*

gweddill — *the rest*
gweddïo — *to pray*
gweddw — *widow*
gweinyddes — *waitress*
gwelw — *pale*
gwenwyn bwyd — *food poisoning*
gwenwynig — *poisonous*
gwneud synnwyr — *to make sense*
gŵr bonheddig — *gentleman*
gwrach — *witch*
gwreiddiau — *roots*
gwrthod — *to refuse*
gwydr — *glass*
gwylwyr — *viewers*
gyda llaw — *by the way (id.)*
gyrfa — *career*
haeddu — *to deserve*
hawl — *right*
help llaw — *a helping hand (id.)*
hercio — *to limp*
holi — *to enquire*
hwyliau da — *high spirits*
hyd yn oed — *even*
hyll — *ugly*
iau — *liver*
ildio — *to yield*
jôc ddi-chwaeth — *sick joke*
llenni — *curtains*
llewygu — *to faint*
llofnod — *signature, autograph*
llofrudd — *murderer*
llofruddio — *to murder*
llwyddiannus — *successful*
llwyddo — *to succeed*
llyncu — *to swallow*
locsyn — *beard*
manteisio — *to take advantage*
marwolaeth — *death*

meithrinfa blanhigion — *(plant) nursery*
menig — *gloves*
mewn penbleth — *perplexed*
mo'yn = eisiau *(SW)*
moethus — *luxury*
morwr — *sailor*
mwytho — *to fondle*
mygu — *smoked*
mynd ati — *to go to it*
mynnu — *to insist*
niwed — *harm*
nodwedd — *feature*
nwyfus — *vivacious*
o leiaf — *at least*
o'i chorun i'w sawdl — *from head to toe*
ochneidio — *to groan*
ofergoelus — *superstitious*
olion bysedd — *fingerprints*
olwyn — *wheel*
osgoi — *to avoid*
penderfyniad — *decision*
penderfynol — *determined*
perchen — *to own*
perthynas — *relation(ship)*
perthnasau — *relations*
petruso — *to hesitate*
picio i mewn — *to pop in*
pishyn — *attractive (man)*
plâu — *pests*
pleidleisio — *to vote*
plygu — *to bend*
prawf terfynol — *final*
pridd — *soil*
prin — *scarce*
profion — *test*
pwdu — *to sulk*
pwnc — *subject*
pwyllgor — *committee*
rhaff — *rope*

rhaglen beilot — *pilot programme*
rhannu — *to spread*
rhaw — *spade*
rhegfeydd — *curses*
rhegi — *to swear*
rhoi cynnig ar — *to attempt to*
rhoi trefn ar — *to tidy/get in order*
rhoi'r ffidl yn y to — *to give up (id.)*
rhydd — *free*
rhyddhad — *relief*
rhywbeth o'i le — *something wrong*
saethu — *to shoot*
sarhau — *to insult*
sbardun — *accelerator*
sbïenddrych — *binoculars*
sefyllfa — *situation*
seibiant — *break*
sibrwd — *to whisper*
sicrhau — *to make sure*
simsan — *unsteady*
siomi — *to disappoint*
suddo — *to sink*
swyn — *charm*
sylweddoli — *to realise*
syndod — *surprise*
synhwyrol — *sensible*
syrthio — *to fall*
taclus — *neatly*
tacluso — *to tidy*
tad-cu = taid *(SW)*
taenu — *to spread*
taflu — *to throw*
taro — *to hit*
teyrnged — *tribute*
tir — *land*
toriadau — *cuttings*
torri ar draws — *to interrupt*
trin — *to treat*
triniaeth — *treatment*

tuag at — *towards*
tyfu — *to grow*
tymor — *season*
tystiolaeth — *evidence*
tystysgrif geni — *birth certificate*
tywallt — *to pour*
wedi'r cyfan — *after all*
y Pab — *the Pope*
ymchwilydd — *researcher*
ymddangos — *to appear*
ymddeol — *to retire*
ymddiheuro — *to apologise*
ymosod — *to attack*
ymweliad — *visit*
yn bendant — *firmly*
yn ddiweddar — *recently*
yn dynn wrth ei sodlau — *hot on his heels*
yn frysiog — *hurriedly*
yn gwta — *abruptly/shortly*
yn union — *exactly*
yn y pen draw — *in the end*
ynglŷn â — *relating to, concerning*
ysbryd — *ghost*
ysgariad — *divorce*
ysgol breswyl — *boarding school*
ysgol gynradd — *primary school*
ysgwydd — *shoulder*

CYFROL GYNTAF Y GYFRES

Pris: £3.25

Cofiwch am y nofel gyntaf
yng Nghyfres y Dysgwyr
hefyd gan Pat Clayton.

HEN FFRINDIAU, HEN GELWYDDAU

Mae'r awdur enwog, Prys Prytherch wedi bod yn dweud celwyddau ers blynyddoedd. Wnaeth o erioed ysgrifennu unrhyw beth ei hun! Ond yng Ngŵyl Glanllyn, mae 'na bobl sydd am ddial arno, a phardduo ei enw. Dyma nofel yn llawn twyll a chyffro . . .